老科学家学术成长资料采集工程
科学院院士传记丛书

水之昌明
昌明 传

刘苏峡　吴永保　刘树勇 ◎ 著

1934年	1956年	1962年	1978年	1980年	1992年	1995年	1999年	2011年	2017年
出生于湖南长沙	毕业于西北大学	苏联学成回国	中美地理外交破冰之旅	开始开展南水北调影响研究	担任研究所所长	当选中国科学院院士	担任"973"项目首席	获河北省突出贡献奖	获国家自然科学奖二等奖

老科学家学术成长资料采集工程
中国科学院院士传记丛书

为水之昌明
刘昌明传

刘苏峡 吴永保 刘树勇 ◎ 著

中国科学技术出版社
·北京·

图书在版编目（CIP）数据

为水之昌明：刘昌明传/刘苏峡，吴永保，刘树勇著.--北京：中国科学技术出版社，2024.11
（老科学家学术成长资料采集工程 中国科学院院士传记丛书）
ISBN 978-7-5236-0757-2

Ⅰ.①为… Ⅱ.①刘… ②吴… ③刘… Ⅲ.①刘昌明—传记 Ⅳ.① K826.16

中国国家版本馆 CIP 数据核字（2024）第 097837 号

责任编辑		彭慧元
责任校对		焦　宁
责任印制		徐　飞
版式设计		中文天地

出　　版		中国科学技术出版社
发　　行		中国科学技术出版社有限公司
地　　址		北京市海淀区中关村南大街 16 号
邮　　编		100081
发行电话		010-62173865
传　　真		010-62173081
网　　址		http://www.cspbooks.com.cn

开　　本		710mm×1000mm　1/16
字　　数		230 千字
印　　张		14.5
彩　　插		2
版　　次		2024 年 11 月第 1 版
印　　次		2024 年 11 月第 1 次印刷
印　　刷		北京顶佳世纪印刷有限公司
书　　号		ISBN 978-7-5236-0757-2 / K・395
定　　价		108.00 元

（凡购买本社图书，如有缺页、倒页、脱页者，本社销售中心负责调换）

老科学家学术成长资料采集工程专家委员会

主　任：韩启德

委　员：（以姓氏拼音为序）

陈佳洱　方　新　傅志寰　李静海　刘　旭

齐　让　王进展　王礼恒　赵沁平

老科学家学术成长资料采集工程丛书组织机构

特邀顾问（以姓氏拼音为序）

樊洪业　方　新　谢克昌

编委会

主　编：老科学家学术成长资料采集工程领导小组办公室

编　委：（以姓氏拼音为序）

艾素珍　陈维成　定宜庄　董庆九　胡化凯

胡宗刚　吕瑞花　孟令耘　潘晓山　秦德继

阮　草　谭华霖　王扬宗　熊卫民　姚　力

张大庆　张　剑　张　藜　周德进

编委会办公室

主　任：董　阳　董亚峥

副主任：韩　颖

成　员：（以姓氏拼音为序）

高文静　胡艳红　李　梅　刘如溪　罗兴波

王传超　张珩旭　张佳静

老科学家学术成长资料采集工程简介

老科学家学术成长资料采集工程(以下简称"采集工程")是根据国务院领导同志的指示精神,由国家科教领导小组于 2010 年正式启动,中国科协牵头,联合中组部、教育部、科技部、工信部、财政部、文化部、国资委、解放军总政治部、中国科学院、中国工程院、国家自然科学基金委员会等 11 部委共同实施的一项抢救性工程,旨在通过实物采集、口述访谈、录音录像等方法,把反映老科学家学术成长历程的关键事件、重要节点、师承关系等各方面的资料保存下来,为深入研究科技人才成长规律,宣传优秀科技人物提供第一手资料和原始素材。

采集工程是一项开创性工作。为确保采集工作规范科学,启动之初即成立了由中国科协主要领导任组长、12 个部委分管领导任成员的领导小组,负责采集工程的宏观指导和重要政策措施制定,同时成立领导小组专家委员会负责采集原则确定、采集名单审定和学术咨询,委托科学史学者承担学术指导与组织工作,建立专门的馆藏基地确保采集资料的永久性收藏和提供使用,并研究制定了《采集工作流程》《采集工作规范》等一系列基础文件,作为采集人员的工作指南。截至 2021 年 8 月,采集工程已启动592 位科学家的学术成长资料采集项目,获得实物原件资料 132922 件、数字化资料 318092 件、视频资料 443783 分钟、音频资料 527093 分钟,具有重要的史料价值。

采集工程的成果目前主要有三种体现形式，一是建设"中国科学家博物馆网络版"，提供学术研究和弘扬科学精神、宣传科学家之用；二是编辑制作科学家专题资料片系列，以视频形式播出；三是研究撰写客观反映老科学家学术成长经历的研究报告，以学术传记的形式，与中国科学院、中国工程院联合出版。随着采集工程的不断拓展和深入，将有更多形式的采集成果问世，为社会公众了解老科学家的感人事迹，探索科技人才成长规律，研究中国科技事业的发展历程提供客观翔实的史料支撑。

总序一

中国科学技术协会主席　韩启德

老科学家是共和国建设的重要参与者，也是新中国科技发展历史的亲历者和见证者，他们的学术成长历程生动反映了近现代中国科技事业与科技教育的进展，本身就是新中国科技发展历史的重要组成部分。针对近年来老科学家相继辞世、学术成长资料大量散失的突出问题，中国科协于2009年向国务院提出抢救老科学家学术成长资料的建议，受到国务院领导同志的高度重视和充分肯定，并明确责成中国科协牵头，联合相关部门共同组织实施。根据国务院批复的《老科学家学术成长资料采集工程实施方案》，中国科协联合中组部、教育部、科技部、工业和信息化部、财政部、文化部、国资委、解放军总政治部、中国科学院、中国工程院、国家自然科学基金委员会等11部委共同组成领导小组，从2010年开始组织实施老科学家学术成长资料采集工程。

老科学家学术成长资料采集是一项系统工程，通过文献与口述资料的搜集和整理、录音录像、实物采集等形式，把反映老科学家求学历程、师承关系、科研活动、学术成就等学术成长中关键节点和重要事件的口述资料、实物资料和音像资料完整系统地保存下来，对于充实新中国科技发展的历史文献，理清我国科技界学术传承脉络，探索我国科技发展规律和科技人才成长规律，弘扬我国科技工作者求真务实、无私奉献的精神，在全社会营造爱科学、学科学、用科学的良好氛围，是一件很有意义的事情。采集工程把重点放在年龄在 80 岁以上、学术成长经历丰富的两院院士，以及虽然不是两院院士、但在我国科技事业发展中作出突出贡献的老科技工作者，充分体现了党和国家对老科学家的关心和爱护。

自 2010 年启动实施以来，采集工程以对历史负责、对国家负责、对科技事业负责的精神，开展了一系列工作，获得大量反映老科学家学术成长历程的文字资料、实物资料和音视频资料，其中有一些资料具有很高的史料价值和学术价值，弥足珍贵。

以传记丛书的形式把采集工程的成果展现给社会公众，是采集工程的目标之一，也是社会各界的共同期待。在我看来，这些传记丛书大都是在充分挖掘档案和书信等各种文献资料、与口述访谈相互印证校核、严密考证的基础之上形成的，内中还有许多很有价值的照片、手稿影印件等珍贵图片，基本做到了图文并茂，语言生动，既体现了历史的鲜活，又立体化地刻画了人物，较好地实现了真实性、专业性、可读性的有机统一。通过这套传记丛书，学者能够获得更加丰富扎实的文献依据，公众能够更加系统深入地了解老一辈科学家的成就、贡献、经历和品格，青少年可以更真实地了解科学家、了解科技活动，进而充分激发对科学家职业的浓厚兴趣。

借此机会，向所有接受采集的老科学家及其亲属朋友，向参与采集工程的工作人员和单位，表示衷心感谢。真诚希望这套丛书能够得到学术界的认可和读者的喜爱，希望采集工程能够得到更广泛的关注和支持。我期待并相信，随着时间的流逝，采集工程的成果将以更加丰富多样的形式呈现给社会公众，采集工程的意义也将越来越彰显于天下。

是为序。

总序二

中国科学院院长 白春礼

由国家科教领导小组直接启动，中国科学技术协会和中国科学院等12个部门和单位共同组织实施的老科学家学术成长资料采集工程，是国务院交办的一项重要任务，也是中国科技界的一件大事。值此采集工程传记丛书出版之际，我向采集工程的顺利实施表示热烈祝贺，向参与采集工程的老科学家和工作人员表示衷心感谢！

按照国务院批准实施的《老科学家学术成长资料采集工程实施方案》，开展这一工作的主要目的就是要通过录音录像、实物采集等多种方式，把反映老科学家学术成长历史的重要资料保存下来，丰富新中国科技发展的历史资料，推动形成新中国的学术传统，激发科技工作者的创新热情和创造活力，在全社会营造爱科学、学科学、用科学的良好氛围。通过实施采集工程，系统搜集、整理反映这些老科学家学术成长历程的关键事件、重要节点、学术传承关系等的各类文献、实物和音视频资料，并结合不同时期的社会发展和国际相关学科领域的发展背景加以梳理和研究，不仅有利于深入了解新中国科学发展的进程特别是老科学家所在学科的发展脉络，而且有利于发现老科学家成长成才中的关键人物、关键事件、关键因素，探索和把握高层次人才培养规律和创新人才成长规律，更有利于理清我国科技界学术传承脉络，深入了解我国科学传统的形成过程，在全社会范围内宣传弘扬老科学家的科学思想、卓越贡献和高尚品质，推动社会主义科学文化和创新文化建设。从这个意义上说，采集工程不仅是一项文化工程，更是一项严肃认真的学术建设工作。

中国科学院是科技事业的国家队，也是凝聚和团结广大院士的大家庭。早在1955年，中国科学院选举产生了第一批学部委员，1993年国务院决定中国科学院学部委员改称中国科学院院士。半个多世纪以来，从学部委员到院士，经历了一个艰难的制度化进程，在我国科学事业发展史上书写了浓墨重彩的一笔。在目前已接受采集的老科学家中，有很大一部分即是上个世纪80、90年代当选的中国科学院学部委员、院士，其中既有学科领域的奠基人和开拓者，也有作出过重大科学成就的著名科学家，更有毕生在专门学科领域默默耕耘的一流学者。作为声誉卓著的学术带头人，他们以发展科技、服务国家、造福人民为己任，求真务实、开拓创新，为我国经济建设、社会发展、科技进步和国家安全作出了重要贡献；作为杰出的科学教育家，他们着力培养、大力提携青年人才，在弘扬科学精神、倡树科学理念方面书写了可歌可泣的光辉篇章。他们的学术成就和成长经历既是新中国科技发展的一个缩影，也是国家和社会的宝贵财富。通过采集工程为老科学家树碑立传，不仅对老科学家们的成就和贡献是一份肯定和安慰，也使我们多年的夙愿得偿！

鲁迅说过，"跨过那站着的前人"。过去的辉煌历史是老一辈科学家铸就的，新的历史篇章需要我们来谱写。衷心希望广大科技工作者能够通过"采集工程"的这套老科学家传记丛书和院士丛书等类似著作，深入具体地了解和学习老一辈科学家学术成长历程中的感人事迹和优秀品质；继承和弘扬老一辈科学家求真务实、勇于创新的科学精神，不畏艰险、勇攀高峰的探索精神，团结协作、淡泊名利的团队精神，报效祖国、服务社会的奉献精神，在推动科技发展和创新型国家建设的广阔道路上取得更辉煌的成绩。

总序三

中国工程院院长　周　济

由中国科协联合相关部门共同组织实施的老科学家学术成长资料采集工程，是一项经国务院批准开展的弘扬老一辈科技专家崇高精神、加强科学道德建设的重要工作，也是我国科技界的共同责任。中国工程院作为采集工程领导小组的成员单位，能够直接参与此项工作，深感责任重大、意义非凡。

在新的历史时期，科学技术作为第一生产力，已经日益成为经济社会发展的主要驱动力。科技工作者作为先进生产力的开拓者和先进文化的传播者，在推动科学技术进步和科技事业发展方面发挥着关键的决定的作用。

新中国成立以来，特别是改革开放30多年来，我们国家的工程科技取得了伟大的历史性成就，为祖国的现代化事业作出了巨大的历史性贡献。两弹一星、三峡工程、高速铁路、载人航天、杂交水稻、载人深潜、超级计算机……一项项重大工程为社会主义事业的蓬勃发展和祖国富强书写了浓墨重彩的篇章。

这些伟大的重大工程成就，凝聚和倾注了以钱学森、朱光亚、周光召、侯祥麟、袁隆平等为代表的一代又一代科技专家们的心血和智慧。他们克服重重困难，攻克无数技术难关，潜心开展科技研究，致力推动创新发展，为实现我国工程科技水平大幅提升和国家综合实力显著增强作出了杰出贡献。他们热爱祖国，忠于人民，自觉把个人事业融入到国家建设大局之中，为实现国家富强而不断奋斗；他们求真务实，勇于创新，用科技为中华民族的伟大复兴铸就了辉煌；他们治学严谨，鞠躬尽瘁，具有崇高的科学精神和科学道德，是我们后代学习的楷模。科学家们的一生是一本珍贵的教科书，他们坚定的理想信念和淡泊名利的崇高品格是中华民族自强不息精神的宝贵财富，永远值得后人铭记和敬仰。

通过实施采集工程，把反映老科学家学术成长经历的重要文字资料、实物资料和音像资料保存下来，把他们卓越的技术成就和可贵的精神品质记录下来，并编辑出版他们的学术传记，对于进一步宣传他们为我国科技发展和民族进步作出的不朽功勋，引导青年科技工作者学习继承他们的可贵精神和优秀品质，不断攀登世界科技高峰，推动在全社会弘扬科学精神，营造爱科学、讲科学、学科学、用科学的良好氛围，无疑有着十分重要的意义。

中国工程院是我国工程科技界的最高荣誉性、咨询性学术机构，集中了一大批成就卓著、德高望重的老科技专家。以各种形式把他们的学术成长经历留存下来，为后人提供启迪，为社会提供借鉴，为共和国的科技发展留下一份珍贵资料。这是我们的愿望和责任，也是科技界和全社会的共同期待。

周济

刘昌明
（2012 年 12 月摄于中国科学院地理科学与资源研究所）

刘昌明（右一）全家合影（1983年，摄于北京潭柘寺）

刘苏峡（左二）、吴永保（左一）和刘树勇（右一）在刘昌明（右二）家中向刘昌明汇报写作进展

序

　　刘昌明院士是我国知名水文水资源专家,以推动水文科学研究、缓解并最终解决水问题、给社会提供科学支撑为己任,是我国现代水文地理(地理水文学)研究的倡导者与开拓者。他发展了地学方向的水文学和水资源研究,在水循环与水量转换、产汇流模式、比较水文、农业水文、森林水文、生态与环境水文、气候变化和环境水文效应等方面成就卓著;他推动了气候变化与人类活动对水文与水资源影响的研究,发展了极具应用价值的稀缺或无资料地区的水文计算及预报方法和模式;他针对黄河断流、华北节水农业、"南水北调"工程环境影响等多个涉水的国家重大需求,开展系统研究,提出了一系列具有重要意义的科学建议,为国家有关部门的决策提供了依据。

　　水是生命之源、生产之要、生态之基。水资源作为基础性的自然资源和战略性的经济资源,对区域发展和国家稳定具有极其重要的意义。21世纪以来,我国水资源供需矛盾愈加凸显,水生态和水环境问题日益突出,水危机已成为严重制约国家生态文明建设和社会经济可持续发展的瓶颈。中华人民共和国成立后,我国一代代科学家披荆斩棘、呕心沥血,为我国水文科学事业的发展和社会经济建设作出了重大贡献。中国科学院在水文科学研究领域的基础研究一直走在时代的前列。以刘昌明院士为杰出代表的一大批学者长期坚持水文基础科学研究，积累了丰富的研究资料，取得了丰硕的科研成果，培养了大批高素质专业人才，为我国水文水资源科学发展的历史画卷增添了一道道绚烂的色彩。

这本书以丰富、翔实的史料，生动地记述了刘昌明院士的学习工作经历，展示了刘昌明院士从早期求学、留学苏联，到步入科研开展无资料流域洪水计算等室内室外试验、奋战黄淮海、解决华北水危机与黄河断流问题、推动气候变化、生态水文研究等研究领域的最新成果，全面反映了刘昌明院士研究工作的成因观、区域观和系统综合观等学术思想，记述了他胸怀祖国、谦虚谨慎、自强不息的高贵品格。刘昌明院士亲历了新中国从成立到繁荣崛起的过程。相信，在我们继续开创伟大事业、迈向伟大时代的时候，水文研究领域、科技界乃至整个世界的读者都能从这本记录刘昌明的成长经历的书中找到例证，继续为促进水文水资源及相关学科的发展而努力奋斗。

孙福宝[①]

2024 年 2 月 28 日

---

① 孙福宝：中国科学院地理科学与资源研究所所长。

目 录

老科学家学术成长资料采集工程简介

总序一 ·· 韩启德

总序二 ·· 白春礼

总序三 ·· 周　济

序 ·· 孙福宝

导　言 ·· 1

第一章　家世启蒙与中学教育 ································ 11

　　幼年磨难 ··· 11
　　中学学习生活 ·· 13

第二章 大学时代 17

踏上西安求学的道路 17
选定地理学专业 19
钻研学习　发表学术论文 20
参加秦岭地质科考 23
入职中国科学院地理研究所 24

第三章 科研启航 26

到北京开展地理水文研究 26
北京大学讲授《陆地水文学》 28
受前辈影响研究河水季节变化类型 31
甘青综考任组长，研究甘肃内陆河 34
思考"怎样学习水文地理" 38
求索水文过程形成机制 40

第四章 留学苏联 43

面试崭露头角 43
重视实践总结　发表俄文论文 44
爱国情怀 47

第五章 创建径流实验室 49

径流形成实验室创建过程 49
径流形成实验室产出丰富成果 51
"五水"转化动力过程实验装置 52

第六章	发展野外观测技术	55
	任黄龙实验站站长	55
	合作研制人工降雨器和电测土壤水分仪	57
	积累人工产流数据	58
	与关威喜结良缘	59

第七章	西北铁路新线水文计算新模型	63
	构建小流域暴雨径流计算公式	64
	干校岁月仍痴迷专业	66

第八章	青藏铁路踏勘	69
	参与青藏铁路勘测	69
	科学的春天	74

第九章	研究南水北调工程对自然环境的影响	77
	筹备石家庄环评会议	77
	合作主编《远距离调水》	80
	"一分为二"的环评思想	82
	南水北调东线工程	84
	南水北调中线工程	88
	南水北调西线工程	91
	科普调水工程　促进社会和谐	93

第十章	力倡节水解救华北水危机	99
	参加黄淮海治理大会战	99

联合筹建禹城实验站 ………………………………………… 100
出任中国科学院石家庄农业现代化研究所所长 ……………… 104
联合建立栾城站 ………………………………………………… 107
基于土壤—植物—大气连续体界面理论的农业耗水
　　调控途径 …………………………………………………… 109
节水中的"系统观"学术思想 ………………………………… 111
当选院士 ………………………………………………………… 115

第十一章 | 在水科学多个高地的实践 ……………………… 119

倡导雨水利用 …………………………………………………… 119
引领气候变化对水文影响研究 ………………………………… 122
任中国首个水文"973"项目首席科学家 …………………… 123
无测站流域水文预报在西藏山洪水情预报预警中的应用 …… 126
研发 HIMS 模型 ………………………………………………… 129
创建北师大水科院 ……………………………………………… 131
较早倡导生态水文研究 ………………………………………… 133
厘清生态与环境 ………………………………………………… 139
积极倡导海绵城市研究 ………………………………………… 140

第十二章 | 国际交流与国内外荣誉 ………………………… 142

担任访问罗马尼亚的俄语翻译 ………………………………… 142
当选 IGU 副主席 ………………………………………………… 143
创立 IGU 研究组 ………………………………………………… 144
当选 IAHS-PUB-CHINA 学术指导委员会主席 ……………… 145
胸怀中国水问题方略 …………………………………………… 146
荣誉回馈社会 …………………………………………………… 149

结　语 ………………………………………… 152

附录一　刘昌明年表 …………………………… 166

附录二　刘昌明主要论著目录 ………………… 196

后　记 ………………………………………… 202

图片目录

图 1-1　1949 年，幼时的刘昌明和母亲、妹妹 …………………………… 11
图 1-2　1950 年，中学时代的刘昌明 …………………………………… 15
图 2-1　1952 年，刚入大学的刘昌明 …………………………………… 19
图 2-2　地理知识纪念本 …………………………………………………… 22
图 3-1　刘昌明北京大学讲学关于对数尺应用的备课笔记 …………… 29
图 3-2　刘昌明甘青科考笔记 …………………………………………… 35
图 3-3　酒泉市肃州区档案局保存的名为《中国科学院甘青考察队水源队关于北大河流域土地与水量的利用及规划》的案卷之一 …… 35
图 3-4　酒泉市肃州区档案局保存的名为《中国科学院甘青考察队水源队关于北大河流域土地与水量的利用及规划》的案卷之二 …… 35
图 3-5　清华大学王忠静教授回忆档案发现过程 ……………………… 36
图 3-6　酒泉市肃州区档案局保存的名为《中国科学院甘青考察队水源队关于北大河流域土地与水量的利用及规划》的案卷之三 …… 36
图 3-7　钱学森院士给刘昌明的回信 …………………………………… 41
图 4-1　1961 年，刘昌明参观苏联乌兹别克境内的高山总降水量站 … 45
图 4-2　1961 年，刘昌明在莫斯科郊外的水文实验站参观 …………… 45
图 4-3　1962 年，刘昌明在苏联阿拉木图山区考察 …………………… 46
图 4-4　苏联学习笔记 …………………………………………………… 46
图 4-5　刘昌明早年与苏联导师合作发表的文章"年径流量变差系数（Cv）的测算"原文第一页 ………………………………………… 47
图 5-1　径流形成实验室 ………………………………………………… 50
图 5-2　2013 年 12 月 27 日，博士生吴亚丽和刘昌明等在"五水"转化动力学装置前 ……………………………………………………… 54
图 5-3　2018 年年底，刘昌明和刘苏峡、莫兴国、博士生 Veronica Sobejano-Paz 在"五水"转化动力学装置前 ………………… 54

图 8-1	2019 年 9 月的纳赤台水文站	71
图 8-2	1975 年，考察小组人员在昆仑山南麓西大滩观察地形地貌、沟道形态、洪水痕迹工作的现场	71
图 8-3	1975 年，考察小组人员在沱沱河皮筏上测水深场面	73
图 8-4	刘昌明 1978 年获得的全国科学大会重大贡献奖状	75
图 9-1	刘昌明 1978 年 6 月 28 日给时任南京水文水资源研究所副所长兼总工华士乾的信	79
图 9-2	《远距离调水》封面	80
图 9-3	《远距离调水》中、英文版合作者之一 James E. Nickum 教授与刘昌明在西安相聚	81
图 9-4	1980 年的刘昌明	81
图 10-1	黄淮海笔记	99
图 10-2	2012 年 5 月 7 日，刘昌明院士、孙鸿烈院士和地理资源所所长葛全胜指导禹城实验站科研工作	102
图 10-3	2015 年 10 月 16 日，刘昌明院士和美国 Brutsaert 院士参观指导禹城实验站水面蒸发长期观测场	102
图 10-4	1995 年，刘昌明、傅抱璞等专家到南四湖参观	104
图 10-5	1994 年，刘昌明在石家庄所办公室	105
图 10-6	1998 年 6 月 9 日，刘昌明在河北石家庄所太行山站签订中日合作合同	106
图 10-7	1995 年，刘昌明在河北省栾城县农田做实验	111
图 10-8	2003 年，刘昌明在河北省栾城县开展节水灌溉研究	113
图 10-9	2019 年 3 月 19 日，本书作者刘苏峡、吴永保、刘树勇在中国科学院院士工作局收集资料	118
图 11-1	1993 年 7 月 14 日，刘昌明与国际雨水大会专家在拉萨布达拉宫合影	120
图 11-2	1998 年，刘昌明和孙鸿烈等到黄河考察	125
图 11-3	"973" 项目课题验收会场	126
图 11-4	2019 年 8 月 28 日，刘苏峡采访北京师范大学水科院第一届毕业生程磊、党素珍、李占杰	133
图 11-5	1978 年 9 月 20 日至 11 月初，刘昌明与黄秉维、吴传钧等 10 位中国地理学家在美国合影	134

图 12-1	2004年1月19日，刘昌明在威尼斯与国际地理联合会执委合影	143
图 12-2	2010年12月5—7日，刘昌明与第三届IAHS-PUB-CHINA国际会议代表合影	146
图 12-3	2003年9月3日，刘昌明在新疆伊犁河对西北水资源进行考察	147
图 12-4	2010年5月5日，刘昌明在丹江口参加院士咨询项目野外考察	148
图 12-5	2017年，刘昌明获国家自然科学奖二等奖	149
图 12-6	2019年，刘昌明获得"庆祝中华人民共和国成立70周年纪念章"	149
图 12-7	2011年12月28日，时任河北省委书记张庆黎为刘昌明授河北省科技突出贡献奖	150
图结-1	2017年7月7日，刘昌明第一次摔跤后在医院做康复训练	159
图结-2	2017年7月18日，本书作者之一刘苏峡到医院就传记提纲征求刘昌明意见	159
图结-3	2018年8月27日，刘昌明第二次摔跤带伤坚持在医院工作	159
图结-4	2012年5月，刘昌明与学生在西藏林芝参加学术会议，摄于西藏林芝	161
图结-5	2018年5月20日，刘昌明与学生们合影	162
图结-6	1995年，刘昌明到中国科学院长春地理所参加博士生答辩	162
图结-7	2014年9月11日，刘昌明在保定易县水土保持试验站给学生讲述降雨的测量方法	163

导 言

传主简介

刘昌明，我国著名水文水资源学专家。1934年5月10日出生于湖南长沙。5岁随母亲辗转陕南汉中念初小，9岁迁往父亲工作的四川成都念高小。13岁考入四川成都的浙蓉中学念初中，15岁初中提前毕业考入四川省立成都中学高中部。18岁高中提前毕业考取西北大学地理系。22岁以优异成绩大学毕业，被提前分配到中国科学院地理科学与资源研究所前身中国科学院地理研究所（以下简称地理所）。

时任地理所所长的中国科学院学部委员黄秉维先生结合刘昌明的兴趣，安排他研究水文方向，是刘昌明水文研究事业的领路人。之后刘昌明得到了著名水文地理学家郭敬辉的指引，对怎样学习水文地理进行了深入思考，并在甘肃科考、赴北大讲学等工作机会中开展了多方面的水文地理运用。1960—1962年，刘昌明到苏联莫斯科大学学习水文及开展室内水文实验，回国后主持和参与设计建成我国第一个室内人工降雨径流实验室。1964—1968年，刘昌明在陕西黄龙开展黄土高原暴雨径流定位实验研究。1969—1978年，开展了阳平关—安康、西安—延安、西安—侯马、兰州—乌鲁木齐、天山—库尔勒、格尔木—拉萨多条铁路沿线的水文调查，开展小流域暴雨洪峰野外试验。他在西北铁道勘探设计中，提出了暴雨洪峰流量计算公式，解决了缺乏实测资料区径流计算的难题。刘昌明研制的计算方法具有学术理论上的创新性，在工程实践上直接被新疆101线、青藏线（西宁—格尔木—拉萨）等8条铁路的设计与建设所采用，节省的建设费用以亿元计，该项成果在国内以专著发表，在国外权威杂志《水资源研究》(*Water Resources Research*)刊登。

1978年，刘昌明被推荐参加联合国大学组办的南水北调对自然环境的影响调查，开始南水北调工程影响研究。针对国家的南水北调工程规划，刘昌明首次提出了对调水量的水文地理系统分析方法，发展了区域水分、热量理论方法在水量配置中的应用，提出了工程对环境影响的评价方法，并一直担任南水北调各重大问题的决策专家。

1983年起，在开展南水北调影响评价工作的同时，刘昌明开始开展华北节水农业研究。针对粮食生产的农业供水问题，他提出了节水农业的系统理论和水量平衡思想，承担了"七五"期间的黄淮海攻关任务，组织领导了"八五"国家自然科学基金委重大基金"华北节水农业应用基础研究"等项目，发表了"华北平原农业水文与水资源""土壤—作物—大气水分界面过程与节水调控"等专著以及一系列论文，发展和丰富了节水农业理论，包括"五水"转化、区域水资源开发与生态保护的"四大平衡"理论、农业水资源评价方法以及农田水分运动过程的界面理论与划分等新论点。

刘昌明多年担任中国科学院地理所水文研究室主任。1984年获得首批国家级有突出贡献的中青年专家称号，1986年被聘为研究员，1990年被批准为博士生导师，1991年获政府特殊津贴。1992年起，历任中国科学院石家庄农业现代化所所长、北京师范大学资源环境学院院长、水科学研究院院长与地学资源环境学部主任、水科学研究院首任院长。1995年当选中国科学院院士。他还曾任中国地理学会副理事长，水文专业委员会主任，国际大地测量与地球物理联合会国际水文科学协会（IAHS）中国国家委员会第一副主席，国际雨水集流协会副主席，国际地理联合会水文对全球变化响应研究组组长，IGBP/BAHC中国国家工作委员会主席，IGBP/BAHC

国际指导委员会（SSC）委员，国际地理联合会（IGU）副主席，中国环境科学学会副理事长、水利部及其四个流域委员会的科技委员会委员。他是水文主流期刊 *Hydrological Processes*（1986—2010）、*Ecohydrology*、*Water International* 等杂志编委，《地理学报》主编，《中国生态农业学报》主编。国际地球系统科学联盟全球水系统（ESSP-GWSP）指导委员会执委，国际综合水循环观测科学咨委会等组织的委员。国家"973"项目（G19990436）第一个水相关项目"黄河水资源演化规律与可再生性维持机理"的首席科学家。国家自然科学重大基金"华北平原节水农业与应用研究"联合首席科学家。

刘昌明积极为国家的水资源问题出谋划策，完成了20余项国家科技发展咨询项目。参与组织了中国科学院地学部"中国水资源问题的出路"与"缓解黄河断流的对策"等多项院士调研报告，主持了中国工程院的重大咨询项目"中国可持续发展水资源战略研究"，撰写的咨询报告获得了国务院领导批示。从1978年开始累计培养研究生（包括硕士、博士与博士后）150余名，多次被评为中国科学院研究生院和中国科学院大学的优秀研究生导师。在中国科学院地理科学与资源所与北京师范大学等院校，建设并稳固发展了水资源与水科学的科研教学队伍。在中国科学院成立了由30多个所参加的"水问题联合研究中心"。

从留学苏联，到访问美国、日本和澳大利亚等国，与世界各大水文机构建立了长久的合作关系，多次参加国际会议，并作大会特邀报告，为增进中国水科学领域与世界各国的交流、促成一系列的国际合作研究项目作出了显著贡献。发表学术论文500余篇，撰写专著与主编书籍50余部，获得国家与省部各级奖项20余项，其中1978年获得全国科学大会重大贡献者奖。

传记写作契机

今天的中国水文学科的发展，离不开老一代水文学者的工作，他们对于科学的热情、对国家建设事业的追求，表现出崇高的历史责任感。刘昌明是我国著名的水文水资源专家，对中国水文事业的发展作出了卓越贡献。作为刘昌明的学生和同事，对刘昌明的敬佩发自心底，把刘昌明的工作完整介绍给更多的科学爱好者是我们由衷的梦想。感谢中国科协"老科学家学术成长资料采集工程"项目的支持，促成了我们的梦想实现。

采集过程与主要成果

2016年5月，受中国科协创新战略研究院的委托，由北京科技咨询中心作为管理方，北京师范大学作为承担单位，成立了以北京师范大学水科学研究院刘昌明院士办公室吴永保主任为组长，中国科学院地理科学与资源研究所研究员刘苏峡为副组长的采集小组，开始了对刘昌明的访谈和档案、报道、专著、照片等学术成长资料采集。首都师范大学刘树勇老师以科学史的专业视野和已有的传记写作经验，负责史料订正。

从2016年采集项目启动开始，到传记完成共历时八年。虽然过程充满艰辛，但我们高效的采集团队圆满完成了采集任务，获得了大量采集成果，主要包括原物采集、档案出版资料收集和采访，这些珍贵的资料是传记完成的基石。

（一）关于原物采集工作

在原物采集方面，采集小组积极与刘昌明院士联系，动员刘昌明和他的家属提供或捐赠相关资料，包括刘昌明保存的大量第一次公开的科研相关书信，如会议邀请函、与大学和学术组织的来往信函、工作笔记和日记、刘昌明纪念黄秉维的文章手稿，学业证书、获奖证书等实物，以及参加学术活动、外事活动、社会活动的照片和生活照片。

重要的实物采集成果还来自已有出版物，包括刘昌明单独和合作撰写的论著、论文，科学出版社出版的《中国现代科学家传记》和《中国科学院地理科学与资源研究所所志》，关于刘昌明的视频和报道。

（二）关于档案采集工作

采集小组遍走刘昌明所在单位的图书馆、档案馆、办公室等相关部门寻找查阅资料。2017年4月，赴北京师范大学成都二中、成都档案馆和四川档案馆、西北大学查阅档案，寻找资料线索。

通过调阅相关材料，解决了刘昌明学术成长部分阶段的采集难题。在西北大学档案室找到"新生名册"以及刘昌明在西北大学学习期间（日期和班级）的材料，北京海淀档案馆提供了关于1978年6月28日刘昌明筹备南水北调会议给时任南京水文水资源研究所副所长兼总工华士乾的书信手稿，石家庄农业现代化研究所孙宏勇提供刘昌明申报院士的相关材料。清华大学水利系王忠静教授课题组热心贡献了他们在酒泉市肃州区档案局发现的刘昌明撰写的名为"中国科学院甘青考察队水源队关于北大河流域土地与水量的利用及规划"的案卷，这些档案材料对了解和核实刘昌明的学习经历和工作经历关键节点具有重要的史料价值。

中国科学院地理科学与资源研究所原水文室主任梁季阳亲笔写了"关于西北小径流战斗组"的回忆文章，为撰写刘昌明的"开创室内外的径流研究"的研究成果提供了重要史料。

（三）关于访谈采集工作

访谈包括对刘昌明本人为主的直接访谈，和对其亲友、同事、学生等的访谈为辅的间接访谈两种采集形式。访谈前，采集小组制定访谈计划，精心起草访谈提纲。访谈后，结合文献资料开展研究工作，以相互佐证。

直接访谈时，刘昌明以他卓越的记忆力，配合我们完成了他学术成长过程中重要事件的珍贵访谈。在访谈中，刘昌明还对当前水文水资源相关热点进行了引领和评述。在制定采集计划时，采集小组多次征求刘昌明的意见，采集工作全程得到了刘昌明的积极配合。关于对刘昌明母亲的回忆等内容得到了刘昌明的夫人关威、刘昌明长子刘昆和次子刘鹏的大力帮助。

间接访谈成果包括对刘昌明的同事、同学和学生的10余次访谈，这些都为撰写刘昌明的学习和工作经历提供了珍贵史料。被访人讲述了与刘昌明在成都、西安、莫斯科、石家庄和北京等不同单位的学习与工作的情况，特别值得一提的是对多位同为高龄的老先生的采访。刘昌明的中学同学张本藩讲述生动，感情真挚，提供了难得的口述影像材料。同为高龄的邬翔光老先生详细回忆了在苏联和刘昌明共同度过的留学时光。北京师范大学地理系的朱启疆老师专门回忆了刘昌明在北大主讲"陆地水文学"的材料、黄秉维之子黄克平回忆刚入职地理所的刘昌明"老加班工作"的样子。此外还对徐宗学、王会肖、杨永辉、胡春胜、刘小京、沈彦俊等同事和学生代表人物开展了采访。科学出版社的郑秀灵，回忆了当年在科学出版工作时参与刘昌明专著《小流域暴雨洪峰流量计算》出版的前期过程。

基于采集的数据，采集小组精心制作了"大事年表"。

（四）配合采集中心总项目组出版采集阶段成果

2018年3月19日，刘苏峡、刘树勇、吴永保和梁季阳撰写完成了题为"水文学家刘昌明院士的早期学习和科研经历回眸"的印刻文章，发表在中国科学报。

2019年6月19日，配合中国科学院遗传与发育生物学研究所学会出版部，出版了题为"把科学当作自己的主人"原石家庄农业现代化所所长刘昌明院士访谈的书章（杨维才，胥伟华主编，筑梦科学——一个国立生命科学研究机构的创新之路，2019年9月，科学出版社：北京）。

2020年4月10日，刘苏峡主笔撰写，在中国科学家微信公号发表题为"水文水资源学家刘昌明：读懂水的语言，守望生命之源"文稿。

2021年5月26日，刘苏峡和吴永保配合中国科学技术出版社，撰写了刘昌明的故事（张藜，科学家励志故事系列，北京：中国科学技术出版社，2021年）。

2021年8月19日，刘苏峡撰写完成宣传刘昌明的一分钟视频"研究气候变化对水文水资源影响的先行者"的脚本。

上述活动，帮助了采集小组对采集成果的及时和持续凝练，推进了传记的完成。

传记写作思路与框架

作为科学家传记，展现科学家的学术历程，需要包括科学家的学术史和生活史。刘昌明的学术史，首要突出的是刘昌明在水文研究领域的转折历程。通过梳理、研读、思考刘昌明的学术相关档案和论著，本传记将其学术经历分为"一点三撑多面"的"伞"状结构。"一点"是指刘昌明提出的"地理水文学"研究方向，"三撑"是刘昌明科研生涯形成的以西北雨洪、南水北调、华北节水为代表的三大特色研究成果，"多面"是刘昌明在水科学其他多个高地的实践。采用这样的点—线—面主次结合的方式，力图用传记的有限文字展现老科学家完整的学术成长过程。

刘昌明的生活史包括家庭、求学历程、工作单位、社会背景、重大政治事件等。通过采集和认真阅读整理刘昌明成长、求学以及工作经历的各种资料，可见他的工作经历都与中国水文学的发展相关。刘昌明的个人成长、思想发展与现代中国水文学的发展，尤其是新中国水文事业的发展紧密联系在一起。本传记以刘昌明学术成长经历为主线，以新中国发展各个历史阶段为顺序，结合他个人的成长经历，总结归纳他在水文学研究的学术生涯的发展历程和学术思想的成长脉络。

本传记综合以上考虑，共撰写十二章。

第一章，家世启蒙与中学教育。主要描述了刘昌明幼少年正值战争年代，随母亲从湖南辗转西安、汉中和成都的经历，描述了刘昌明从写字功课均好的小学生，到调皮贪玩的中学生，到奋进跳级的高中生的故事，以及由此养成的喜欢数理、喜欢自学等多个对后来学术成长有益的品格。

第二章，大学时代。主要描述了刘昌明从因为没有分配到自己想读的专业而沉落一时，在指导员热心开导后转而安心学习，而后学业优异在大学三年级就正式发表论文的优秀大学生的求学历程。描述了在这个阶段刘昌明进一步巩固和形成勤奋、自学、高效率的治学品格。

第三章，科研启航。主要描述了刘昌明以优异的成绩大学毕业，被中国科学院地理研究所看中，正式开始了他的水文研究生涯。黄秉维、郭敬辉等科研前辈的指引，在北京大学讲《陆地水文学》课程的经历，参加甘青科考，为刘昌明后续在水文学领域的起航蓄力。

第四章，留学苏联。主要描绘了刘昌明被派往苏联留学进一步深造的经历。讲述了刘昌明在入学面试时以知识全面崭露头角，在苏联学习时重视实践、总结，勤奋学习专业知识，与苏联老师合作发表学术论文的经历。

第五章，创建径流实验室。描述了将苏联留学时学到的室内实验方法带回国，领衔创建了国内第一个径流形成实验室，以及创建"五水"转化实验室的经历。简要总结了从那时至今，刘昌明与他的学生和同事在这两座实验室内开展的研究。

第六章，发展野外观测技术。本章开始到第八章，全面记述了刘昌明以西北雨洪为中心的研究经历。本章主要记述了刘昌明担任黄龙实验站站长，合作研制人工降雨器和电测土壤水分仪、积累人工产流数据的故事，以及在这个阶段刘昌明与关威喜结良缘。

第七章，西北铁路新线水文计算新模型。主要描述了刘昌明应国家需要奔赴西北开展野外实验，构建小流域暴雨径流计算公式，以及在"五七干校"仍不忘开展洪水调查的故事。

第八章，青藏铁路踏勘。主要描述了刘昌明参与青藏铁路勘测设计的艰难科考经历，以及所取得的成果于1978年获得全国科学大会重大科技成果奖的经历。

第九章，研究南水北调工程对自然环境的影响。记述了刘昌明以南水北调为中心的研究经历，包括筹备石家庄环评会会议，合作主编《远距离调水》中英文专著，一分为二的环评思想等。刘昌明迄今一直担任南水北调各重大问题的决策专家，在这一章我们添加了通过媒体采访等形式刘昌明对社会关于南水北调工程影响的科普内容。

第十章，力倡节水解救华北水危机。记述了刘昌明在开展南水北调影响评价工作的同时，以华北节水为中心的研究经历。包括参加黄淮海治理大会战、联合筹建禹城水量综合实验站、出任中国科学院石家庄农业现代化所所长，共建栾城站、开创土壤—植物—大气连续体界面理论的农业耗水调控途径等内容，特别论述了刘昌明节水中的系统观思想。

第十一章，在水科学多个高地的实践。此章描述了刘昌明在水科学其他高地的研究经历，包括倡导雨水利用、引领气候变化对水文的影响研究、担任中国首个水文"973"项目首席、无测站流域水文预报在西藏的应用、研发HIMS模型、创建北京师范大学水科学研究院、较早倡导生态水文研究、积极倡导海绵城市研究等。

第十二章，国际交流与国内外荣誉。此章概括了刘昌明的主要国际交流活动和国内外荣誉，包括担任访问罗马尼亚的俄语翻译，当选IGU副主席，创立IGU研究组，当选IAHS-PUB-CHINA学术指导委员会主席，当选院士。在本章最后，以两个小故事书写了刘昌明回赠社会的情怀。

在结语一章，从个人因素和社会环境剖析了成就刘昌明水文生涯的学术成长条件，对刘昌明成就的取得原因开展了自身治学品格和外在因素驱动的挖掘。

本书从刘昌明看似平凡的经历中探究其成为院士的原因，提炼出刘昌明学术成长脉络。传记以刘昌明的学术思想发展为主线，主要工作成就为明线，为人为学准则为暗线，突出刘昌明立足水文研究与国家需求、锐意进取的魄力与学术思想创新的关系，以及刘昌明为人治学中的一以贯之。传记在采集资料的基础上，本着尊重历史的原则，力图最大限度地再现历史，全面地展现传主以及和传主密切相关的地理水文科学的发展，但不免挂一漏万，请读者明察和包涵。

第一章
家世启蒙与中学教育

幼 年 磨 难

1934年5月10日，一阵婴孩响亮的哭啼。母亲张舜华看着怀中的宝贝，心里充满希冀，给孩子取名刘昌明。出生于湖南长沙的刘昌明，祖籍是位于湖湘之地的湖南省汨罗市。刘昌明出生的年代战火纷飞，幼年时历经了战争带来的各种磨难。

图1-1　1949年，幼时的刘昌明和母亲、妹妹（摄于成都）

1936年，刘昌明的母亲带着刘昌明从湖南长沙北上，投奔在陕西西安工作的父亲。1937年11月13日开始到1939年，日军对西安发动了数十次轰炸[1][2]，民房、街道、工厂遭到了

---

[1] 王民权. 抗战中日机空袭西安的几个问题. 西安档案，2005，3：10-12.
[2] 肖银章，刘春兰：《抗战期间日本飞机轰炸陕西实录》. 西安：陕西师范大学出版社，1996.

破坏，造成了大量经济财产损失，死亡人数超过1500人。当时刘昌明只有四五岁，还记不清楚太多有关日军轰炸西安的事情，但处在那个动荡不安的年代，刘昌明一家的生存艰辛不难想象。

为了寻求一个安全的庇护所，1939年，母亲带着刘昌明辗转陕南的汉中。然而，汉中也并非安全之地。其实早在1937年日军第一次轰炸西安的时候也对汉中发动了第一次轰炸，而在这之后的1939年、1941年和1943年正值日军空袭汉中最猖狂的阶段，汉中市内许多民房、学校、寺庙和一些军用设施被摧毁，造成大量人员伤亡。在这几年里，刘昌明恰好都待在汉中。

在汉中，虽然身处战乱，但刘昌明的母亲仍然对儿子的教育很重视。1941年3月，刘昌明在陕西汉中西大街小学开启了人生的第一段学习生涯。

那时的小学有私立、公立和教会学校三种。出于安全考虑，1942年8月，刘昌明转学就读于当地信奉天主教的教会小学——陕西汉中明德小学。按照当时的学制，小学分为初小（1~4年级）和高小（5~6年级）。

刘昌明当时就读的教会小学里全是女老师，她们头上罩着白布帽，领口外翻，衣着整洁，对学生很照顾，多年后刘昌明回忆起来还清楚记得这些细节。

在兵荒马乱的时期里上学实属不易，小小年纪的刘昌明也很清楚学习机会的难得，所以在汉中教会小学上初小时，刘昌明没有让父母失望。

刘昌明每天背着书包独自步行约两千米到教会小学上学，有时路上遇到同学便结伴去上学。由于正值日军轰炸汉中的非常时期，上学路上要格外小心，必须时刻留意防空警报是否拉响，以便能够很快躲进防空洞。

在学校里，刘昌明每天学习的课程主要是算术和语文。作为东西方文化交流的纽带，教会小学不仅仅教给学生一些基础知识，还开设了英语课程，刘昌明有幸在小小年纪就有机会接触英语。

学习对刘昌明而言相当轻松，平日里的家庭作业也从来不需要父母亲操心，期中考试或者期末考试也都是班级前三。

抗战时期，整个国家饱受战乱的折磨，经济停滞不前，人们生活所需要的物资极其匮乏。尽管如此，每天放学回家完成老师布置的家庭作业后，刘昌明就开始练习写毛笔字。刘昌明对写毛笔字有着浓厚的兴趣，无论是临摹颜体还是柳体，都写得游刃有余，以至于到最后他写出来的字几乎和字帖上的字一模一样。

刘昌明初小阶段良好的学习开端，为他后续的学习奠定了良好的基础。

1943年年底，由于父亲到成都工作，刘昌明离开明德小学，随母亲从陕西汉中辗转至成都。此时的成都也并非太平之地，日军从1938年开始到1944年长达6年时间里对成都发起了多次轰炸。轰炸对象不仅包括各交通要道、军事基地和机场，还包括了居民区、医院、学校、外国领事馆和教会等非军事区，造成了人民生命财产的巨大损失。刘昌明对日军成都大轰炸的情景还有些记忆，脑海里不时会浮现出日军轰炸成都时大街上的人都在躲避的情景。在刘昌明就读的成都二中，后来有一些师生在他们的回忆文章中也谈到[①]对轰炸的深刻记忆。

抗战的最后阶段，正是战争打得最激烈的时期，为了保证安全，刘昌明不得不休学。1945年8月，抗日战争结束，刘昌明开始上高小，就读于南大街小学（后改名为四川成都第三区中心小学，地址是方池正街）。

中学学习生活

1947年3月，刘昌明高小毕业后考取了位于成都南小天竺街的浙蓉中学，这是一所由旅居四川成都的浙江商人开办的初中。

同许多处在青春期的男孩一样，刚上初中的刘昌明调皮贪玩。有时候为了和同学出去玩，他还模仿父母的字迹写请假条，一般都以生病为理由。由于刘昌明在小学就练就了非常好的书写能力，老师一般情况下看不出来假条是刘昌明自己写的。

不仅如此，初中时期的刘昌明还很迷恋武侠小说，甚至一度幻想成为一名逍遥的神仙或武侠，能"游山玩水、走江湖"。地处四川盆地腹地的

[①] 张本藩访谈，2017年5月，成都。资料存于采集工程数据库。

成都平原气候湿润、降水丰沛、水网密布，加之那时城市化水平低，成都还拥有大片农田，到处都是水的成都为刘昌明"游山玩水，走江湖"的"梦想"提供了条件。

每年的五到十月正是成都最适宜游泳的时间，刘昌明都会和同学去河里"闯江湖"。在成都生活了好几年，他很清楚哪些地方是游泳戏水的好去处，每次去"闯江湖"的时候，他都会挑水闸旁边，因为水闸旁边的水相对其他位置更深，可以跳水。从小与水的"亲密接触"，使得刘昌明对水一直有一种亲切感，这也与他后来扎根水文事业不无关系。

当然，在玩耍的同时，学业也不能落下。在父母的督促下，刘昌明学习非常用功。

当时，浙蓉中学有个规矩，就是每到周末（星期六下午），班主任都要守在学校门口，坐在一把躺椅上，手中执一根教鞭，让学生们一个一个地背诵课文。有一次背诵《史记》中的某段，文章很长，大多数同学都背不下来，不会背的同学就要回去温习再到校门口重新背诵，而"昌明从来没含糊过"，从未被轰回去过[①]。

有时学校中午放学之前有20分钟的时间要求学生用毛笔写四行大字。"写不完就用竹条打手掌心，要打四下，昌明从来没挨过打"。

刘昌明不只是擅长文科的课程，对于数学的学习也不含糊。据张本藩先生回忆，对于一个钝角三角形，两条短边上的高"为什么'跑到'三角形之外"？大家都想不明白，但依旧要出去玩耍，还要叫上刘昌明一起去玩，但他却不去，因为他想要搞清楚这个问题，"没弄清楚，他就不出去玩"。在中考的时候恰巧就有一道类似的题目，大家都写不清楚，刘昌明却顺利解答。

1949年，成都市解放。刘昌明跳级，提前半年考高中，考上川西成都中学。

几十年之后，好友张本藩无比感慨地说："就是因为他肯用功，不然他是考不上这个学校的！"其实，刘昌明读初中只读了两年半，用他自己的

[①] 张本藩访谈，2017年5月，成都。资料存于采集工程数据库。

话说，是"跳考中学，以同等学力考入川西成都中学"。

刘昌明考入的这所学校，1951年学校更名为川西成都中学，1952年更名为成都市第二中学校（简称为"成都二中"），1959年改成成都市科学技术学校，1961年恢复为四川省成都市第二中学，1968年改为成都市第二中学，2002年改制成为民办中学，更名为北京师范大学成都实验中学，2022年，学校改为公办学校，恢复为四川省成都市第二中学，是一所历史悠久的名校。建于民国二年（1913年），最初的名称是"四川省立第一中学"（1913—1928年）。民国十七年（1928年），由于学潮被"暂行停办"。直到民国二十四年（1935年）复校，开始了该校发展的第二个阶段。但是，校名改为"四川省立成都中学"（简称为"省成中"）。这个时期的"省成中"被誉为成都五大名校[①]之一。由于这个学校招生标准和教学质量都是高水平的，在四川获得了"四好一高"的美誉，即校风好、学风好、考风好和师生感情好，还有升学率高。在战争艰苦条件下，尊师重教之风气仍然畅行，依然保持着高昂的学习热情和高水平的教学质量，是一所名副其实的名校。

成功地跳级进入名校，刘昌明并没有沾沾自喜，而是投入更多的精力在学习上。在所学课程中，刘昌明最喜欢解析几何。解析几何对人的逻辑思维能力和代数上的解题技巧要求非常高，正是通过在高中学会运用缜密的逻辑来应对解析几何的基础，在后来的科研生涯里，刘昌明对水文学原理中的数理关系朗若列眉，擅长运用数学公式来定量解决水文中的实际问题，并在相关方面取得了重大的成就。

在高中学习之余，刘昌明喜欢读课外

图1-2 1950年，中学时代的刘昌明（摄于成都）

[①] 关于这五大名校也流行着"成成华联加树德"说法。其中第一个"成"字是成都二中；第二个"成"字是成都县中，后来变成七中；"华"是华阳县高中，后来变成成都三中；"联"是石室联合中学，即四中；树德变成九中。

书，其中包括当时很流行的苏联小说《钢铁是怎样炼成的》。阅读各种书籍，也潜移默化地使他心智更加成熟，看待事物的眼光也愈发长远，对待学习的态度也越来越精益求精，他总是全力以赴追求更好的成绩，并被批准成为中苏友好协会的宣传员。

就像初中一样，高中学习成绩十分优异的刘昌明仍然是比其他同学早一个学期毕业。

1952年，彼时的中国正处于计划经济体制下的经济恢复期，举国上下呈现百业待兴的局面，国家为了给"第一个五年计划"建设培养人才，进行了全国高校统一招生。由于西北地区生源不足，且各地报考北方学校的人数偏少，在这种背景下，国家将学生统一分配到不同地区以达到高效运用有限教育资源的目的。尽管统分的专业与学校并非他的理想，刘昌明在母亲的支持下，服从组织分配，到西北大学提前上大学。

第二章
大学时代

踏上西安求学的道路

1952年10月，18岁的刘昌明带上行李，与同行的23名成都学生一起踏上了去西安求学的道路。中华人民共和国成立之初，成都还没有开通铁路，宝成铁路那年才刚动工，刘昌明和同行的学生只能先坐卡车去往宝鸡，再从宝鸡坐火车到西安。

从成都去往宝鸡的路途犹如一次"历险记"，不仅需要过蜀道，还要翻秦岭。在这条古代长安通往蜀地的必经之路上，刘昌明和同学们经受了蜀道上的各种考验。

秦岭在地理科学研究中的地位举足轻重，不仅是中国的南北分界线、长江流域和黄河流域分界线，还是1月份中国0℃等温线、湿润与半湿润地区分界线等。秦岭连绵不绝、巍峨高耸的山脉将南北的水气阻隔，从而决定了秦岭两侧地区不同的气候格局，塑造出秦岭南北两坡截然不同的自然景观。或许是对地理与生俱来的热爱，即便过去了70余载，刘昌明对秦岭南北两坡的风景依然记忆犹新，成为他专业入门前的"第一课"。

秦岭的路很险，路的旁边就是悬崖，司机是不能有闪失的，否则后果不堪设想。面对秦岭这个"严厉的大叔"，卡车只能做个"乖乖小孩"，小心翼翼地沿山路慢慢盘旋，从下至上后再从上至下，如此循环，翻过一座又一座山。刚跨过秦岭，尘土像是大西北的禁卫军，向初来乍到的24个学生显示它的汹汹气势。一些学生一看到这番景象直打退堂鼓，毕竟和他们的家乡"天府之国"相差太大。

植被稀少、水资源稀缺、荒漠化严重是长期以来困扰西北环境的问题，当时亲眼见到的这些景象后来成为刘昌明对地理学习和研究的动力。

从成都出发，不到一千千米的路程他们走了一个星期才到宝鸡。抵达宝鸡后，需要换乘火车到西安。第一次乘坐火车的经历对刘昌明来说是非常美好的，他现在回忆起来也津津乐道。刘昌明回忆道，那时火车的老式车厢里面的格局和现在差不多，三三两两的硬座分布于车厢的两侧，一条过道贯穿整个车厢，车厢的两端设置有厕所，人们可以在车厢里走动，比坐汽车舒服很多。从宝鸡到西安200多千米的路程，花了大概四五个小时，比起从成都到宝鸡所花的时间还是短得多。

到了西安以后，学校派人用汽车把他们的行李运到学校，但由于当时物资匮乏，没有足够的汽车接载学生，他们就只能步行到学校。下了火车，同学们排成三人一排的队伍，怀着激动的心情，迈着整齐的步伐，焕发着青春朝气，激昂地歌唱着《我们是西南的青年》，向西安宣告他们的到来。

刘昌明对于从火车站到学校这段路程仍然记忆犹新。他回忆道，当时西安城不大，火车站在西安城东北方向的解放路上，而西北大学则在西南方向的城墙边上，他们迈着坚定的步伐，斜穿了整个西安城才到达了校园。

走完这一程路，刘昌明的大学生活正式拉开了帷幕。

选定地理学专业

作为新中国第一批大学生是幸运的，国家格外"宠爱"他们。上大学不需要学费，国家免费提供吃住，免费发放书本，发放一些生活费用以购买生活用品，保证每一个上大学的人都不会因为家庭贫困而上不了学。

简陋的平房里摆放着四张单人床，中间再立上一张木桌，这就是刘昌明在西北大学的宿舍了。班上同学共24名，除了2名来自河南、东北的调干生，其余都是和他一样来自四川。同学们年龄参差不齐，有的参加过远征军，有的已经结婚生子。

图2-1 1952年，刚入大学的刘昌明（摄于西安）

虽然他们的背景和年龄不同，此时的祖国需要他们，他们都有着为中华之崛起而读书的共同目标，有着为建设祖国贡献自己力量的共同决心，他们要共同肩负复兴中华的重任。

生活从来都不会是一帆风顺的，刘昌明虽然入了大学，但所学专业却未能如愿。刘昌明第一志愿填写了机械工程，但那时的国家大规模建设需要各行业的人才，因此高考填写的志愿仅作参考，至于最后到底上什么专业需要服从招生委员会的统一分配。当时国内自然地理类的人才相对缺乏，而很多考生对这个专业都不怎么了解，所以报考的人也比较少，西北大学地理系在国内处于领先水平，经过招生委员会仔细斟酌后，刘昌明最终被分配到地理系。

由于未能如愿进入自己梦寐以求的机械工程专业学习，刘昌明最初感到并不顺心。中华人民共和国刚成立，人民生活水平亟待提高，大家都想读完大学找个"铁饭碗"。当时中国正大力发展重工业，以夯实国家工业

第二章 大学时代

发展的基础，读机械工程专业的学生毕业后可以分配到机械厂做技术人员，所以机械工程专业在大学里非常热门。相较于机械工程，地理系在当时没有那么高的热度，许多人不知道这个专业毕业后做什么工作，对未来前途的担忧也导致了刘昌明对被分配到这个专业产生了悲观情绪。不仅仅是刘昌明有消极情绪，地理系其他同学也一样，他们中有的人甚至不去上课坐在校园里发呆。

地理系的辅导员宋青科没有放任学生的消沉情绪，他细心开导，试图解开大家心中的"结"，并激励他们学习的积极性。"辅导员对学生细心做思想工作，并热情地召唤同学们为祖国发奋读书"，辅导员对同学们的开导，刘昌明现在回忆起来都由衷感动。

"同学，你看，是这样的，让我给你讲讲。"有一天，辅导员宋青科把学习上打不起精神的刘昌明叫到了办公室，给他讲当时工农业落后的面貌，讲改变工农业现状的可能途径，接着讲设置地理专业培养这方面人才的重要性。老师最后提高了讲话的声音，对刘昌明激动昂扬地说："祖国建设需要这样的人才，你们年轻一代应该为国家的未来着想，哪怕牺牲自己的爱好。"

"服从祖国的需要"是无比崇高的价值追求，很多年轻人就是因为这一句话，放弃舒适的生活，离开故乡亲人，奔向祖国最需要的地方，哪怕再艰苦也无所踌躇。老师讲到祖国的需要深深触动了刘昌明的心。刘昌明开始意识到再这样消沉下去也不是办法，既然自己不能改变环境就只能适应环境。

"老师，你放心，我服从祖国的需要，一定会好好地学习。"刘昌明当场做出这样的表示，随后重新端正学习态度，开始全身心投入学习中。

钻研学习　发表学术论文

20世纪50年代的中国在建设之路上奋进，殷切地等待着大学毕业生们为祖国建设注入新的血液。时间是宝贵的，容不得一丝浪费，刘昌明抓紧分分秒秒，每天在学习上投入大量的时间。上课时，他跟紧老师讲的每一个细节，并做好笔记；课余时间，他每天保证一定时间在图书馆看书，以丰富自己的知识。刘昌明对书本极为"痴迷"，把看书的时间安排得见缝插针，经常在上厕所也手捧书本。

当时"白手起家"的中国，学习同走社会主义道路的苏联，图书馆里许多书本都是苏联教材的中译本。图书馆不仅是每天陪伴刘昌明的"朋友"，也是刘昌明自学的"战场"。他在图书馆里仔细研读了几乎所有馆藏专业书籍，包括当时由水利出版社出版的麦乔威、赵希仲和褚德珊翻译的苏联水文学家加夫里洛夫著的《实用水文学》《天津大学水文学讲义》等，自学了历时曲线、频率统计等水文分析方法。在自学的过程中，刘昌明一直对书本里的各种研究方法很感兴趣，在学习别人方法之后，自己也在尝试能不能应用新方法，这也助推了他后来在大学三年级时发表研究论文。知识不分边界，对知识的渴望和对周围事物的好奇，促使刘昌明除了学习好自己专业的知识外，在闲暇之余还买了如《植物生理学简明教程》等其他专业的书籍，通过自学探求植物与水分关系的奥妙，启蒙了水的生态研究的基本理念。

此外，在大学学习的过程中，刘昌明特别讲究"效率"二字。每学期临近期末考试的时候，同学们都开始争分夺秒地复习，抱怨时间不够；而刘昌明却显得胸有成竹，因为他早在期末前就扎实地学习，知识都牢牢地掌握了。期末时，刘昌明与平时相比没有多大的差别，看上去很轻松的样子。一些同学把刘昌明找他们聊天儿，都视为干扰备考的行为。刘昌明回忆起来也觉得好笑。

学习效率高的另外一个好处是刘昌明在大学阶段能够有时间尽情展示他的音乐才华。他从小就喜欢音乐，超群的学习能力在音乐上也表现得淋漓尽致。初中的时候他看着大人拉二胡，自己"照葫芦画瓢"学着拉了起来，拉着拉着自己就会了。高中的时候自己学着拉小提琴，很多技巧也都是靠自己领悟摸索出来。在高考填志愿时，刘昌明将音乐作为第二志愿。虽然最后没有选择学习音乐，但在大学参加了很多与音乐相关的活动或许弥补了他心中的遗憾。

1953年，刘昌明参加学校组织的新年文艺汇演，并担任小提琴伴奏。1954年，在西北大学合唱团担任团长，负责演唱的指挥。他曾经编过地理系的歌舞，他独自完成作词作曲，歌词内容写的是黄河，曲调高昂，并伴随着青春的舞蹈。虽然我们没有机会亲眼看到表演，但通过聆听他的口述也能感受歌舞的精彩飞扬。

给刘昌明留下深刻印象的是指挥合唱团演唱《歌唱祖国》，回忆起来刘昌明还情不由已。中国从抗战到解放一路走来不易，那时大家对刚成立的新中国都充满了希冀，同学们都希望用歌唱祖国的方式为新中国的发展加油打气。即便到现在，这首歌也是各个学校升旗仪式的迎旗歌，在全国广为传唱。

潜心学习的刘昌明在大三那年收获了第一枚胜利的果实——在《地理知识》杂志上发表了他的第一篇论文"地图上测定流域面积与河长的方法"[①]。在文中，他论述了如何在地图上测量河流的长度与流域面积。关于流域面积的测量方法，内容涉及求积仪法、方格法（数格法）、权重法（称重法）、分段计算法（几何法）和大地测量法。关于河流长度的测定方法，包括曲线仪法、细线法和两脚规（分割规）法。文中还论述了河流长度的测定与所用两脚规的夹距和地图比例尺的关系，展示了可能测量出的最大河流长度的计算方法。那时对于一个大三的学生来说，发表这样一篇文章不仅稀罕也十分荣耀，在他们班没有先例，在他们学校可能也是凤毛

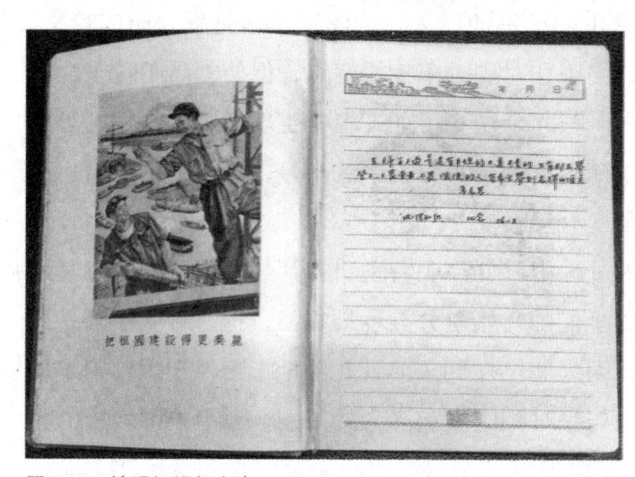

图 2-2 地理知识纪念本

---

① 刘昌明. 地图上测定流域面积与河长的方法.《地理知识》, 1956：88-93.

麟角。除了刘昌明的潜心学习积累，写作认真也促成了文章的发表。刘昌明至今还记得投稿时的情景，写稿子非常认真，字迹工整，仔细检查错别字，遇到写错的字，就用糨糊在错字的地方贴上一小块纸再重写。刘昌明除了自学专业书籍外，平时也爱看科学杂志，包括《地理知识》杂志，对科学杂志有详细的认知也助推了他论文的发表。

刘昌明平时学习勤奋，研究踏实肯干，有论文发表等方面的杰出表现，为大学毕业前被中国科学院西安分院选中以及得到毕业前赴秦岭考察机会埋下了伏笔。

转眼到了大学四年级，该写毕业论文了。由于之前在学校组织的实习中看到了黄河并对其产生了浓厚的兴趣，同时在大学这几年也了解到西北地区水资源短缺的严重性，在决定毕业论文研究方向时，刘昌明毅然选择了研究黄河水文。结合课堂学习的专业知识和自己平时自学的课程知识，加上发表论文的经验，他的毕业论文题目是《黄河径流的初步分析》，做得非常出色，指导教师为张继书老师，论文描述了黄河水文特征，做了整个黄河的流量、雨量的时空变化特征分析。1956 年 6 月，刘昌明完成大学学业，成绩荣居班级第一，荣获"优等生"称号。

参加秦岭地质科考

1956 年 5 月，西北大学地理系学生的大学课程已经全部结束了，他们开始等待分配工作。在分配工作的前夕，中国科学院西安分院联合西北农林大学、西北大学到秦岭山脉的主峰太白山开展地质地理自然资源调查，调查内容涉及太白山地质和动植物。在学校表现优异的刘昌明获得了这次宝贵的考察机会。考虑到刘昌明学习好、年轻力壮、办事认真、效率高，许多老师都争着邀请他。由于刘昌明在学校里也学过一些地质方面的知识，于是在地质队左教授的邀请下，他进入了地质队，作为助手参加了大考察，负责协助左教授将太白山从山麓到山顶的岩石进行辨别分类，并绘制地质图。当时，参考资料缺乏，路线怎么走只能靠自己摸索，出露哪些岩石也只能靠自己发现，作为"开拓者"，难度可想而知。

一张罗盘、一卷皮尺、一把铁锤、一个放大镜，这些就是刘昌明的全套考察设备了。罗盘用来确定行走方向和测量岩层产状，皮尺用来测量岩层的厚度，铁锤用来采集岩石样品，放大镜则用来确定岩石具体岩性，行走的距离用步长和步数来确定，转弯的地方用小圆点来标识，从而确定路线，然后在纸上绘制出路线上各个位置出露的不同类型岩石的岩性和厚度。太白山海拔3767米[①]，山路陡峭崎岖，由于没有前人调查的基础可供参考，他们必须把考察工作做得相当细致，每天平均只能往上爬一百多米。前后历时一个月，才最后绘制完成太白山行进路线的地质图。在太白山考察的日子里，条件异常艰苦，刘昌明和科考队伍风雨兼程，自带炊具在野外做饭，一路上有寺庙就住寺庙，没有寺庙就只能搭帐篷。尽管条件艰苦，但刘昌明回忆起来仍然觉得是一段宝贵的经历，因为这让他明白从"纸上谈兵"到"实战演练"还是有很大差距的。通过这次考察，无论是从体力还是脑力上讲，刘昌明都得到了充分的锻炼。

在考察期间，刘昌明的科研思考和动手能力得到了左教授的赏识，左教授甚至一度想把他留下当自己的助手，但更大的惊喜还在后面。

入职中国科学院地理研究所

1956年毕业分配时，中国科学院（以下简称中科院）到西北大学招聘，由于刘昌明成绩优异，且在《地理知识》上发表过文章，招生的老师一下子就相中了他，让他去南京中科院地理研究所报到。被中科院录取，刘昌明喜出望外，一路走来，仿佛是一场电影，从一开始对被分配到地理系，心里有些想不通，到开始意识到应该适应环境改变自己，再到全身心

[①] 傅抱璞，虞静明，李兆元. 秦岭太白山夏季的小气候特点. 《地理学报》，1982（1）：88-97.

投入学习中取得优秀的成绩并发表论文,最后被中科院录取,刘昌明在大学完成了自己人生中的重要蜕变。

1956年6月,刘昌明背上行李,重走四年前走过的从学校到火车站这段路,路上没什么不同,只是行走的方向变了。又是火车,上一次的火车把他带到了西北大学,而这一次的火车将送他去往中科院地理研究所。这一次坐火车距刘昌明上一次坐火车已经过去整整四年。当时,中国科学院待遇很好,给这批被录取的学生报销了火车的卧铺票,要知道那时坐过火车卧铺的人寥寥无几,所以即使有过坐火车的经历,这一次新奇的卧铺之旅也让刘昌明感受到了前所未有的欢欣,以至于在访谈时他回忆起来也相当自豪。

上一次的火车之旅,让刘昌明领略到了秦岭的雄伟,这一次的火车之旅则让他见证了长江的壮阔。当火车行驶到南京浦口,刘昌明第一次见到了长江,那宽广的江面让人心生敬畏,与之前在西北大学实习时见到的黄河不同,长江没有黄河水那么浑浊。江风吹拂脸庞,带走了旅行的疲惫。中华人民共和国成立初期,桥梁建设技术还很落后,经济条件还不允许修筑大型的跨长江大桥,那时从南京渡过长江只能坐渡船,火车也不例外。只见码头边停着一艘渡船,宽平的甲板上,铺着火车轨道,这就是运送火车过江的渡船了。刘昌明和火车一起坐渡船过江。江的这边,火车头将12节车厢推到渡船上,然后火车头再退到岸边,只有车厢随船过江。在渡江的过程中,刘昌明望着窗外的江水细细品味着长江的美景,任衣角随江风飞扬。江的对岸另外一个火车头将车厢拉到岸边,刘昌明和同行的旅客再上火车,整个过程虽然烦琐,但新奇无比。没隔多久到达南京火车站,刘昌明被人接到了中国科学院地理研究所。

第三章
科研启航

到北京开展地理水文研究

到中科院地理所后,刘昌明被安排在距离办公楼很近的宿舍楼临时居住,所里要通过面试了解新来的年轻人感兴趣的研究方向,再根据他们的意向分配到不同的部门工作。大约两周后,刘昌明和一起进所的十四五位年轻人一起参加了面试。他们的面试官是时任地理所所长的中国科学院学部委员黄秉维先生,面试地点就在所长办公室,每位新生都是单独面试。轮到刘昌明的时候,黄秉维问他毕业论文的内容,刘昌明说自己做的是黄河水文,并表示对水文方向有着浓厚的兴趣。黄秉维听取刘昌明的汇报后,告诉他地理所的北京工作站有几位研究水文的老师,建议他北上开展水文研究。

黄秉维所长所指的北京工作站是依托在 1953 年[1]中国科学院因为编

---

[1] 施雅风口述,张九辰访问整理:《施雅风口述自传》,长沙:湖南教育出版社,2009:第126页。

撰《中华地理志》需要而正式成立的编辑部。编辑部由好几个单位的人员组成,中国科学院以编辑部为依托设立了地理所的北京工作站,工作站除了编辑工作之外,还是地理所在北京的行政工作单元。工作站最初位于东四附近干面胡同,1954年搬到中关村刚建好的一座二层小楼内,由郭敬辉任站长。1957年,工作站迁到新建的生物楼,也就是后来的动物所办公楼。1958年底,地理所全部从南京迁到北京后,工作站不再担负行政功能。1964年4—5月,地理所迁到北京北郊917大楼[①]。该"917"大楼是1958年"大跃进"年代出炉的国家"科学城"规划[②]中的一座楼。该科学城选址北京德胜门外、元大都遗址北面的一大片农田,是今德胜门—京藏高速东面,以大屯(洼里)为东北角、祁家豁子为西南角,构成的一个面积约5平方千米的近似四方形的地块。科学城最先盖好的建筑楼房包括两处,其中一处在科学城东北角的大屯,原规划作为中国科学技术大学的主楼,即"917"大楼;另一处在科学城西南角的祁家豁子,是科学城的招待所,当时叫1号楼,后来统一命名为"华严里1"号,2014年改编为"地6"号。

1959年,科学城规划因为历史原因停止建设。随着中国科学院的发展,当年建设的招待所成了中国科学院地质研究所、古脊椎动物与古人类研究所的新址。"917"大楼则迁入了中国科学院地理研究所、中国科学院遗传研究所和综合科学考察委员会三个单位。

"德胜门外一片平坦的田野和低矮农舍,蓝天之下的两栋高楼,十分显眼。那时候,到晚上九十点,从德胜门远远望去,两栋楼灯火通明,很多人仍在加班加点搞研究,成为标志性的夜景。"中国科学院院士叶大年回忆[③]。

这片园区,后来陆续迁来和新建了许多科研机构,包括中国科学院109厂(后发展为微电子研究所)、地球物理所的实验工厂、古脊椎动物与

[①] 中国科学院地理科学与资源研究所编写小组:《中国科学院地理研究所所志》,北京:科学出版社,2016:第2页。

[②] 易善锋,亲历"地6楼"变迁,《中国科学报》,2019/7/5。

[③] 冯丽妃,难忘的科学城地标"地6楼":请历史记住这栋楼,《中国科学报》,2019/7/5。

古人类研究所所办公大楼、大气物理所、航天局对地观测与数据中心、国防工业重大专项工程中心、国家地震局地质研究所和地震灾防中心，以及后来的遥感与数字地球研究所、国家天文台、动物研究所、生物物理研究所、微生物研究所、基因组研究所、青藏高原研究所、心理研究所、蛋白质科学中心、微生物技术转化中心、北京市社会科学院、中国科技馆、国家动物博物馆、地理科学馆、中国科学院大学研究生园区、北京信息科技大学、中国音乐学院等。

半个多世纪以来，这片园区发生了翻天覆地的变化，昔日科学城的道路和楼宇几经翻建，农田水塘消失了踪影。在原规划的科学城东半部，先后举办了1990年亚运会和2008年奥运会。昔日的荒郊田野，如今高楼林立。作为原科学城地标的两栋大楼之一的"地6楼"尚幸存，位于如今中国科学院地质与地球物理研究所（以下简称地质地球所）大门正对面。

刘昌明被分配到了地理所的北京工作站，也就是现在的中国科学院地理科学与资源研究所的前身。到了北京，也标志着刘昌明工作生涯的正式开始。

北京大学讲授《陆地水文学》

1958年，国家水利事业如雨后春笋般快速发展，建水库、挖水渠，各种水利工程项目开展得热火朝天。在水利工程的建设中，水文数据有着举足轻重的地位，它是进行水利计算的先头兵。因此，国家亟需水文学人才来支撑更多的水利工程的建设。

当时北京大学地质地理系在水文学领域相对薄弱，专业老师是在1952年全国院系调整时由清华大学转过来，还没有水文学的师资。

据朱启疆回忆[①]，北京大学林超教授、侯仁之教授、王恩涌教授等决定

---

① 朱启疆访谈，2017年5月，北京。资料存于采集工程数据库。

在北京大学创建陆地水文学专业，一来急国家之需，二来对专业改造也是一个新的尝试，可谓一箭双雕。北京大学开始对自然地理专业进行大刀阔斧的修整。将原自然地理部分1955级和所有的1956级学生专业改为水文学，接着在1959年正式成立了水文学专业。当时北京大学没有水文学的专业教师，可谓是真正的白手起家。刘昌明正是在这个当口下走上了北京大学的讲台，给北京大学地理系三年级学生讲授"普通水文学"。对北京大学而言，这真的是雪中送炭，解了燃眉之急；对刘昌明而言，这是他在教学上难得的实践演练。

在20世纪50年代，苏联的科学技术水平与欧美并驾齐驱，人们普遍认为苏联的水平就是国际水平，苏联的标准就是最高标准。根据朱启疆的回忆，在刘昌明讲课中，出现频率最高的词汇是"国际水文研究所""苏联国标"和"瓦尔戴水文研究实验站"，这也成为大家向往和追求的目标，都想去国际水文研究所学习，去瓦尔戴实验站参观，看看他们先进在哪里。刘

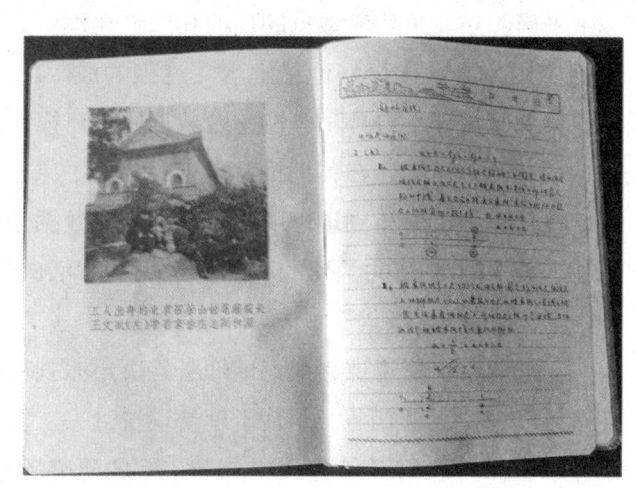

图3-1 刘昌明北京大学讲学关于对数尺应用的备课笔记

昌明还把使用对数计算尺进行水文公式计算带进北京大学课堂，其效率比查对数表要高很多。

刘昌明在讲授"普通水文学"时年仅24岁，是主讲教师里最年轻的一位，也是深得听课学生们敬佩和折服的青年教师。刘昌明在分析水文现象和过程时，采用深受北京大学学生喜爱的高等数学、物理学等定量分析，这无疑激发了学生的学习乐趣，让他们意识到原来地理学的课程也可以讲得这么别开生面。值得一提的是，他在"普通水文学"的讲课中专章讲授了"冰川水文"，当时在国内是率先之举。

刘昌明注重启发式教学，在系统、全面介绍普通水文学的概念、原理的同时，特别强调水文学的应用，同时还适当讲授了工程水文中的一些内容，让学生对水文过程的综合性有深刻了解。如洪水调查、水库水文中的设计洪水、设计水位、小流域在有资料或无资料时的水文计算，桥、涵水文计算以及实验水文学中的堰流计算等，这使普通水文学在内容上有了工程水文的味道。由于强调了水文学的应用，激发了学生的学习兴趣。特别是，在介绍三角堰流量公式推导后，刘昌明立即让学生去推导梯形堰、抛物面形堰流公式，还让学生去推想河流跌水、陡坎处的流量计算方法，循循善诱，让学生深刻理解其中的逻辑关系。因此，刘昌明讲课不是停留在知识的灌输上，而是着重能力的培养，授人以渔。

刘昌明还注重实验数据的获取和统计建模，注重实验过程以及实验成果的应用，让学生更好地了解水文过程的成因。刘昌明在北京大学的讲课，集课堂讲课、野外试验和室内数据分析建模三位于一体。除了常规的讲台授课，刘昌明还在暑期推荐学生去甘肃平凉进行为期三个月的水库实习，在秋季则带学生到地理所进行室内水文数据分析处理。引导学生学以致用，将书本学到的"死的"知识运用到"活的"野外实践和科研分析中，学习解决实际问题。

在赴北京大学讲课之前，地理所就决定派刘昌明去苏联留学深造，他完全可以推掉讲课任务，于情于理都说得过去。再者，甘肃省平凉纸坊沟水库水土保持效益研究是1958年就确定的研究项目，必须在1959年春天完成野外调查、实验和测量，在年底前完成实验分析并提交全部的研究报告。虽然学习任务紧、科研任务重，但刘昌明还是毅然决然地接受了讲课的任务。刘昌明早已规划好，在出国前，培养一支既懂理论又懂实验和数据处理、建模的队伍；在出国后，利用北京大学学生暑期三个月调查实习的机会，安排他们去完成水利部平凉纸坊沟水库水土保持效益的研究任务。基于他对北京大学高年级学生素质和能力的考察，相信学生们即使在他不在现场时，也能圆满完成这个研究项目。这样一来，刘昌明不仅顺利完成了研究项目，还培养了一批十分优秀的北京大学水文学子，可谓是"鱼"和"熊掌"兼得。

当然，被委以重任的北京大学学生们没有让刘昌明失望，他们按时高质量地完成了任务并提交了研究报告。1979 年，水利部在一部专著中全文刊出了这篇研究报告。

据朱启疆所说，刘昌明在北京大学教学时播下了水文学的种子，他先进的治学理念和研究风范，追求高目标、工作高效率的风格一直是学生的榜样。

受前辈影响研究河水季节变化类型

1955 年，郭敬辉[1]在《地理学报》上发表了《中国的地表径流》论文[2]，发表了中国第一张年径流模数图。径流模数图（可转换为径流深度图）不仅是估算水资源的重要依据，也是水文循环的主要图种，还是研究自然地带规律性的重要参考。苏联的径流模数图早在 20 世纪初就由苏联著名水文学家高切林编制完成。

中华人民共和国成立之初，郭敬辉就下决心要编制中国的径流模数图，但当时困难很多。首先是资料稀缺，整个西北地区只有包括黑河的莺落峡站、新疆开都河的焉耆站、伊犁河的野马渡站（后改为雅马渡站）这三个站的少量资料。东部地区也只有松花江哈尔滨站和长江汉口站等少数站有水文记录。郭敬辉在广泛收集已有资料的基础上，参考了 19 世纪俄国学者沃耶依科夫"河流是气候的产物"的名言，加上自己的研究，大量收集气候、土壤、植被、地质、地貌等自然地理各要素的资料，夜以继日

---

[1] 郭敬辉（1916—1985），著名水文地理学家，直隶定县（今河北定州）人。曾任中国科学院地理研究所水文室主任、地理研究所副所长、中国地理学会副理事长及水文专业委员会主任，先后兼任中国地理学会副理事长、中国水文专业委员会主任、中国海洋学会副理事长、中国水利学会理事、北京市地理学会理事等职。参与创建中国科学院西南地理研究所和石家庄农业现代化研究所，并兼任所长。曾调查国内各地的水文地理状况，积极组织各种学术活动。主要论著有《中国地表径流形成的自然地理因素》《黑龙江流域水文地理》《新疆水文地理》《川西滇北水文地理》等，并主持了《中华人民共和国自然地图集》中水文图组的编审工作。

[2] 郭敬辉. 中国的地表径流.《地理学报》，1955（4）：371-392.

地一个地区一个流域进行分析研究。经过一年多的努力，郭敬辉终于在1955年的《地理学报》上发表了中国第一张径流模数图，立即引起了地理界和水利界的普遍关注和重视，被人们称为"中国的高切林"。

在编制径流模数图的基础上，郭敬辉又继续补充校核已有的资料，分流域对中国的河川径流量进行了估算。1956年上半年，郭敬辉到中国科学院工作，他让刘昌明等青年同志协助他整理了部分资料与数据核算。当时统计任务繁重，没有任何计算工具，只凭算盘反复拨打。经过艰苦努力，于1957年在《科学通报》发表了中国河川径流量的估算结果[①]，估算值为27841亿立方米。1987年，水利电力部出版的《中国水资源评价》一书，采用了先进的计算工具，得出中国河川径流量的数字为27115亿立方米，这与30年前郭先生所估算的数字相差仅2.6%，在1956年全部依靠手工计算的条件下，能得出如此准确的中国地表水资源的数据，实属不易。

1958年，郭敬辉出版了《黑龙江流域水文地理》经典水文地理著作。当时郭敬辉见刘昌明字迹俊逸、工作细心，就把刘昌明叫到办公室，通过他口述，刘昌明记录誊稿的方式，完成了这本专著。

得到地学前辈郭敬辉、罗开富等的指导，对刘昌明工作影响深远。1957年，在罗开富和郭敬辉带领下，刘昌明与他们合作发表了地理水文的重要论文《中国河水季节变化的类型》[②]。文章将中国河水的季节变化划分为两大类，分别是有融水补给的变化类型和无融水补给的变化类型，给出了对中国河水季节变化的地理格局最早期详细总结。

文章指出，我国有融水补给的变化类型，主要分布在淮河秦岭以北及新疆、西藏。在这些地区，融水的补给，主要表现在河水的春汛。在夏季风区内，雨水造成主要汛峰，融水造成次要汛峰。位置愈靠北，积雪、河冰以及冻结的地下水在春季消融所形成的水源愈大，春汛也愈显著，同时引起的春汛出现的时期愈晚（4月或更后）。由华北平原到东北地区及黄河上游山地，都可看出这种变化情况。在夏季风影响微弱之处，雨水补给稀少，譬如西藏与新疆，融水都能造成主要汛峰。

---

① 郭敬辉. 关于中国径流资源的推算. 《科学通报》, 1957 (23): 724-727.
② 罗开富, 郭敬辉, 刘昌明, 等. 中国河水季节变化的类型. 《科学通报》, 1957 (16): 501-503.

根据各种补给量的多寡与其在时间上的配合，又可将河水季节变化至少分出 8 种类型，即东北型、黄辽型、内蒙型、渤海型、黄河上游型、阿尔泰型、天山型和西康型。

作者们总结了上述 8 型的共同性，包括四个方面。第一，最大水月份出现在热季（尤其在 7 月或 8 月）。其时，夏季风区雨水最多，新疆及西藏融水补给最多（因为气温最高）。阿尔泰型出现在 6 月，天山型在 7 月，前者受雪的影响较大，后者受冰的影响较大。黄河上游型出现在 9 月，该处秋雨最多。第二，春季有短暂的汛期。在非夏季风区的春汛，不能在月均流量过程线上表现。第三，秋季水量大于春季，前者受热季的影响，后者受冷季的影响。在黄辽型及渤海型地区内的不少地方，最小水出现在春季（阿尔泰型例外，春水多于秋水）。第四，年变幅显著，最大月与最小月水量的比数一般超过 15（黄河上游型及内蒙型例外）。比数之大是因为热季水量集中，冷季水源冻结只有微弱的地下水作为补给。这个区域最显著的现象是各型的年变幅分别由沿海与新疆逐渐向黄河上游减少，最大月流量也是如此。这一递减方向，与太平洋及大西洋水汽来源在中国北部递减方向相符。

无融水补给的季节变化的类型主要分布在淮河秦岭以南及昌都地区。在这些地区，地下水的补给虽然略多于北方，但与雨水补给相比，仍然是极小的。雨水水汽来自太平洋与印度洋，"两洋"来水时间先后参差，加以复杂地形的影响，多水季节的差异也很大。根据洪峰出现的迟早，与其在月均流量过程线上的形态，可将这类季节变化至少分为 6 种类型，包括江淮型、江汉型、长江上游型、滇桂型、南岭型和浙粤型。

作者们指出，因为不少地区只有近 5 年的资料较为可靠，所以上述分析难免粗糙，但分析结果展示了这项研究的重要性，希望未来资料较多时此工作要进一步地展开。

这篇文章为刘昌明科研思想中"系统观"的建立打下了基础。一方面，研究了作为整体的整个中国的河水的季节变化情况；另一方面，探索了组成中国这个整体的每个区域的河流的季节变化情况。通过同时研究整体与部分的特征，建立起对系统更加完整的认识，也为刘昌明开拓水文地理学和地理水文学打下了基础①②。1984年,刘昌明和郭敬辉合作发表了重要论文《水文学的地理研究方向与发展趋势》③。1986年,刘昌明与水文学家杨戍和沈灿燊联合出版《中国地理学会水文专业委员会第三次全国水文学术会议文集》④,进一步推动了此项工作。

甘青综考任组长,研究甘肃内陆河

中华人民共和国成立后,我国从1955年开始制定长远发展规划。第一个初步拟定的规划是《1956—1967年全国农业发展规划纲要》。这项十二年远景规划对全国科研影响深远。中国科学院响应这项规划的行动之一是在20世纪50年代延续和新组建了11个大型考察队。包括西藏工作队(1951—1954)、黄河中游水土保持综合考察队(1953—1958)、云南热带生物资源综合考察队(1953—1962)、土壤调查队(1956—1960)、黑龙江流域综合考察队(1956—1960)、新疆综合考察队(1956—1960)、华南热带生物资源综合考察队(1957—1962)、盐湖科学考察队(1957—1960)、青海甘肃综合考察队(1958—1960)、治沙队(1959—1964)、西部地区南水北调综合考察队(1959—1961)。因受"大跃进"影响,20世纪50年代末,曾有呼声很高的口号"开河一万里,调水五千亿(立方米)",立志把我国西南诸河流域的水引到西北,改造山河、改善环境。中国科学院被委以重任,成立了南水北调综合考察队。其中的西线考察组被重命名为西南队,主要是当时的中国科学院综合自然资源考察委员会承担,参加人员包括陈传友、赵楚年等。

1958年,刘昌明担任了青海甘肃综合考察队水利水源分队水文组组长,

---

① 刘昌明. 水文地理学与水文学的地理研究.《人民黄河》,1984(2):57-60.
② 刘昌明. 地理水文学的研究进展与21世纪展望.《地理学报》,1994(S1):601-608.
③ 郭敬辉,刘昌明. 水文学的地理研究方向与发展趋势.《地理学报》,1984(2):206-212.
④ 刘昌明,杨戍,沈灿燊,等.《中国地理学会水文专业委员会第三次全国水文学术会议论文集》,北京:科学出版社,1983.

简称甘青综考组,负责祁连山、河西走廊的调研与测量工作。1959年10月,刘昌明参加了甘肃西南考察队,考察将西南诸河的河水引到黄河定西的可能性。

2008年冬,清华大学水利系教授王忠静课题组成员张景平等人在酒泉市肃州区档案局发现了名为《中国科学院甘青考察队水源队关于北大河流域土地与水量的利用及规划》的案卷,归属酒泉县政府系列档案全宗之中。该文件共37张,蓝色钢笔手抄,其中第三部分"地面水"注明"由刘昌明执笔"字样,中间有缺页,且部分字迹模糊。经翻阅前后案卷,清华大学确定此系刘昌明院士早期科研成果。王忠静教授多年后回忆此事,仍然十分激动。

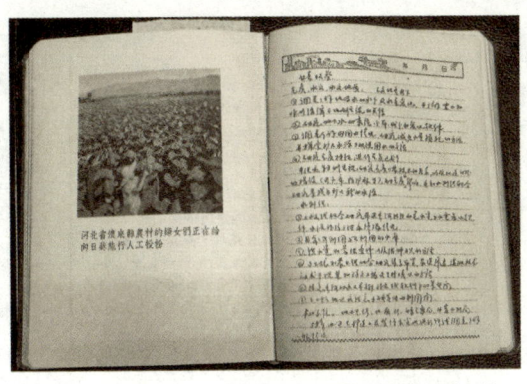

图3-2 刘昌明甘青科考笔记

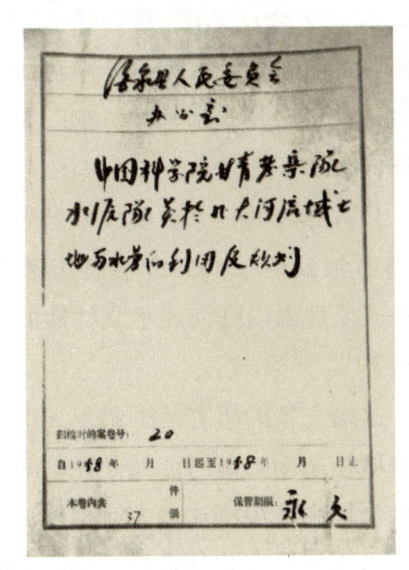

图3-3 酒泉市肃州区档案局保存的名为《中国科学院甘青考察队水源队关于北大河流域土地与水量的利用及规划》的案卷之一(清华大学王忠静教授供图)

图3-4 酒泉市肃州区档案局保存的名为《中国科学院甘青考察队水源队关于北大河流域土地与水量的利用及规划》的案卷之二(清华大学王忠静教授供图)

图3-5 清华大学王忠静教授回忆档案发现过程（清华大学王忠静教授供图）

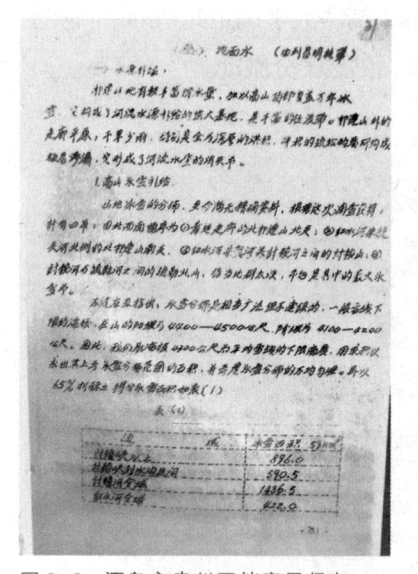

图3-6 酒泉市肃州区档案局保存的名为《中国科学院甘青考察队水源队关于北大河流域土地与水量的利用及规划》的案卷之三（清华大学王忠静教授供图）

这是早年刘昌明工作的见证之一。当时的酒泉正在兴建钢厂，钢厂用水需要开渠。至今让刘昌明感到欣慰的是，他所在的考察队当时发现开渠可能发生渗漏，建议改用管道输水。钢厂采纳了建议，改用了管道输水。

甘青综考的一个重要成果是刘昌明与同事张云枢于1959年合作发表的论文——《甘肃内陆河流水文特性的初步分析》[1]。

这篇文章的研究范围属于甘肃内陆河流域，东南与黄河流域分界，南与柴达木盆地和青海湖流域各河相邻，西至新甘省界，北抵蒙甘省界；包括祁连山北部与河西走廊，东西长约1000千米，

---

[1] 刘昌明，张云枢. 甘肃内陆河流水文特性的初步分析. 《地理学报》，1959（1）：67-88.

南北宽为200千米。

　　文章根据自然地理条件将该区域分为祁连山脉与河西走廊两个地带：祁连山平均海拔3000米以上，属高山高原气候，随着地形、高度的变化，有明显的垂直递变性，祁连山的植物与土壤也呈明显的垂直分带性。河西走廊是夹在祁连山与北山（马鬃山、合黎山）诸山之间的长条低地，地势东高西低，高度多在1000～2000米，走廊地带的主要自然地理单元有三郎山麓地带、绿洲与戈壁沙漠。

　　降水量分布是东多西少、南多北少。前者因海洋季风向西逐渐减弱，后者则因地势影响。降水量最多的是在祁连山之东南端、石羊河水系和西大河的上游，年降水量可达500毫米以上，向西北逐渐减少，至黑河水系以西，疏勒河上游祁连山地降至200毫米以下。走廊部分的降水亦显著地向西递减。

　　蒸发量的分布在祁连山内因温低而较小，一般不超1200毫米（蒸发器口径为20厘米），多数在1000毫米以下，是径流形成的有利条件；走廊部分则蒸发最旺，年蒸发量均在1500～2000毫米，河流通过这个地带径流极其强烈地减少。

　　水系自东而西由石羊河、黑河（额济纳河）、疏勒河三大水系组成，包括的主要河流有22条。就三大水系的流域面积来看，黑河源流最长、面积最广，疏勒河次之，石羊河最小。

　　河西内陆河水系密布之重心在祁连山之中，水系发育与祁连山之构造有关。祁连山主要构造呈东南西北走向，因此山内河流受构造控制亦按东南西北之方向排列，形成平行排列的水系。各河出山以后，源流较短。发源于祁连山的河流，则受山坡方向的控制，均顺向外流，形成与上游直交的另一组平行水系。

　　水系发育之另一个特点是上下游之间的不对称，各河水系均为上密下疏，犹如一把扫帚。

　　河道一般的特点是短促陡急，且分段明显；下游河道变迁频繁，朝夕不同。各河河道均可分为山内、山外两段：山内河段常见宽广谷地，纵坡较陡，横断面和缓，河道组成物属岩石和山坡冲积之大块砾石；山外河段纵坡平缓，横断面开阔，常常分流，如杂木河出山以后，水流分为七条，漫流于砂砾之上，河道组成物质多系砂砾，因渗透甚烈，河水常埋于砂砾之下潜流。山内、山外河段之间都有峡谷相间其间，各河主要水文控制站均设于谷口。峡谷之内纵坡甚陡，纵坡多在10‰～20‰，横断面最窄，一般是修建水库的优良坝址。

这篇文章以甘肃内陆河流为例，系统地描述了降水、蒸发、水系形状和坡度，是刘昌明地理水文科研思想中的"系统观"的又一重要基础。

思考"怎样学习水文地理"

《怎样学习自然地理》[①]是由中国科学院地理研究所《地理知识》杂志编辑部编辑完成，于1960年出版。与一般的杂志编书不同，《怎样学习自然地理》这本书不是简单地摘录几篇杂志里发表过的文章合成一本书。该书的概要明确指出收纳的文章均为新作，包括杨纫章先生撰写的"什么是自然地理学"，杨怀仁先生撰写的"地貌学的学习和研究"，吕炯先生撰写的"怎样学习气候学"，文振旺先生撰写的"谈谈土壤地理学的学习"，仲崇信先生撰写的"怎样学习植物地理学"，侯学煜先生撰写的"怎样进行植物地理学工作"，张荣祖先生撰写的"动物地理学的学习和研究"，李海晨先生撰写的"什么是地图学和怎样学习地图学"。

刘昌明撰写了"怎样学习水文地理"是第四章，它完整地体现着刘昌明早年的科研思想，该章共分为三个小节，从为什么要研究水文地理，到了解水文地理研究内容，再到告诉读者如何学习水文地理。节与节之间环环相扣、层层深入，不仅展现出刘昌明对水文地理研究的真知灼见，同时

---

① 这本小书是本书作者之一刘苏峡在2011年一次整理旧书的过程中意外发现的。原书是她在大学一年级时从母校河海大学以图书馆对学生2折的优惠价——5分钱买到的。发现过程详见：刘苏峡，五分钱——祝普天下老师节日快乐！科学网博客博文，2011-9-6 19:36 https://blog.sciencenet.cn/blog-2055-483558.html。

也体现出刘昌明缜密的逻辑。文章第一节主要介绍了水的研究在实际生产中的意义与任务。作为早期国内水文领域的开拓者，刘昌明很明确自己研究水的目的，那就是服务社会发展，造福百姓。

在详述水的重要性时，刘昌明还特别引例了西北地区的荒地和沙漠。面对西北地区严峻的荒漠化问题，他说道："只要我们有水，就可以变荒地为农田，变沙漠为绿洲。"

除此之外，刘昌明还分别从地貌、工农业建设和水利建设等方面对水的作用进行了详细解读。地貌方面，他认为"水是改造自然的基本武器"，是塑造地貌的三个主要因素里最容易受人类控制的因素；工农业建设方面，他引用工矿用水、桥涵建设、航运以及农林灌溉的例子阐明了水文数据对工农业设计规划的重要性；水利建设方面，他强调没有水文数据就没有水利建设，在修筑溢洪道或进行其他水电建设时，唯有大量水文数据作为技术支撑，才能确保整个水利工程顺利竣工。

强调水的重要性后，刘昌明还在文中提出当时水的研究任务。首先，调查研究区的水文情况，包括水资源蕴藏量和动态情况，以服务水资源开发及规划；其次，调查各种特征流量、水量随时间的分配情况，确定水文要素及其对水文情势的作用过程，研究泥沙对水利工程及其他方面的影响，研究水量的蒸发和渗漏损失；再次，调查人类活动对水文情势的影响；然后，进行水文预报，包括对水位、流量、冰冻等做出预测；最后，分析评价水的物理、化学特性。

文章的第二节主要介绍了水文学的发展、研究对象和内容。从四千年前埃及人对尼罗河进行水文观测到我国古代的大禹治水，从李冰父子修筑都江堰到北魏《水经注》，从后汉《河渠沟洫志》再到明清《河防一览》《治河方略》《关水集》等，刘昌明将水文学发展的历史画卷一一铺展。

在介绍水文学三个主要研究方向中的地理方向时，刘昌明提出了地理方向水文学的三个特点，即"成因""综合"和"区域"。成因是追踪各种因素与水文过程的形成关系，认知水文现象；综合是指全面联系各项要素，以从复杂的关系中揭露现象的综合作用；区域是指阐明水文现象的空

第三章 科研启航 *39*

间分布规律。

在文章第三节刘昌明传授了学习水文地理的"独门秘籍"。学习水文地理要以学好数学、物理和化学的基础知识为地基，有了数理化牢固的地基以后，紧接着就是要学习水文和地理方面的专业基础知识，打好专业基础。要把所学的知识用到生产服务中，就要将书本知识结合实际，掌握一些水利工程科学技术等方面的知识，才能真正学以致用。

作为刘昌明早期在地理水文领域学术思想的代表文章，《怎样学习水文地理》成为刘昌明的地理水文的成因观、区域观和系统观"三观"思想的首次完整的文字形式表达。

求索水文过程形成机制

地理学，其自身的研究区域和研究对象的特点，造就了其分明的"区域性"与"综合性"特色。自 1983 年美国国家航空航天局地球系统科学咨询委员会提出"地球系统科学"以来，地理学，和／或地学，在科学和社会的重要性日益彰显。1986 年，中国科学家钱学森提出"地理科学"概念，认为地理学应当是与自然科学、社会科学、数学科学等并列的大科学体系，并倡导建立"地球表层学"。在此基础上中国科学院地理所黄秉维创建了陆地表层系统科学，详细论述了陆地表层系统的研究意义、范围、内容、方法与途径。1992 年 6 月 3—14 日，在巴西里约热内卢召开的联合国环境与发展大会通过的重要文件联合国《21 世纪议程》"第 35 章：科学促进可持续发展"明确将地球科学作为可持续发展战略的科学基础之一。1994 年钱学森就系统论与六次产业革命问题直接给刘昌明明确回信。这些研究动向，对增进刘昌明的"三观"形成是难得的锦囊。

遵循地理学研究"区域性"与"综合性"特点，得益于国际和国内对地理学的认识的提升，刘昌明继往开来地扩展了自己关于水文"过程形成"思想。从上节"怎样学习水文地理"中述及的"三观"萌芽开始，到他之后的丰硕的“三观”研究实践，荟萃集成的“三观”思想，成了他一生工作的座右铭。

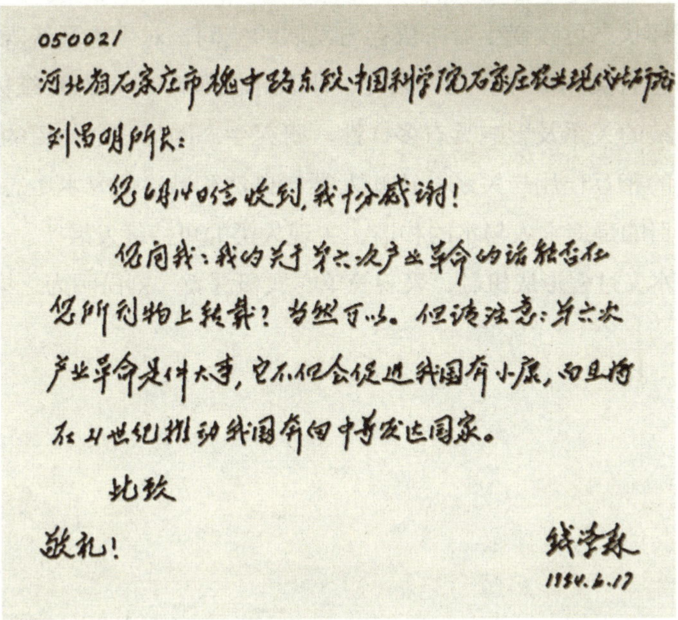

050021

河北省石家庄市槐中路东段中国科学院石家庄农业现代化研究所

刘昌明所长：

您6月14日信收到，我十分感谢！

您问我：我的关于第六次产业革命的话能否在您所刊物上转载？当然可以。但请注意：第六次产业革命是件大事，它不但会促进我国奔小康，而且将在21世纪把我国带向中等发达国家。

此致

敬礼！

钱学森

1994.6.17

图 3-7　钱学森院士给刘昌明的回信

水的循环流动过程，水的固态、液态、气态的三态变化始终贯穿于地球各个圈层之间，携带着物质与能量的转化。刘昌明将水文研究的基本理论归结为认知地球上无休止且周而复始的水循环，形象地比喻它为“巨型水轮”①。刘昌明带领团队从宏观到微观研究水循环，加强水文过程的成因研究，这是对进行地球系统科学研究的充要性认知的不可或缺的重要补充。

21 世纪，人类社会进入新人类世（Anthropocene），全球变化加速，特别是极端洪水干旱等事件频发，亟待应对。刘昌明提出了加强生态与水文的研究，注重包括生态水文的水文过程研究，并预见其将为学科发展的主流之一。

显然，刘昌明的这一认知，也遵循了我国最终实现生态文明社会建设

① 刘昌明，傅国斌：《今日水世界》. 北京：清华大学出版社，2000：第 241 页 .

的总目标，对水文学科领域倡导生态水文研究的意义深远。研究水与生态系统的关系，是生态水文学的核心内容。水是生命之源、生产之要、生态之基，水是非生命物质，又是生命物质与生命活动所不可或缺的要素，其存在与循环状态可改变生命所依存与发展的空间，对生态系统既有正向促进作用，也有负向破坏作用。因此，水及水文循环对生态系统极其重要，与生态系统的关系及影响具有多样性。研究生态的最核心的目的是研究人类与自然的相互作用与关系，认知人类与自然和谐；研究水生态和生态水文的核心目的是追求人与水的和谐，实现人类的可持续发展[①]。

漫漫水文过程形成机制，表观简单，实极深奥，刘昌明为之毕生求索。

---

① 刘昌明. 加强水在自然资源要素耦合作用中的观测研究探究山水林田湖草生命共同体统一管理.《中国地质调查》，2021，8（2）：1-3.

第四章
留学苏联

面试崭露头角

20世纪50年代,中国和苏联关系密切,国家自上而下掀起了一股留苏潮。1956—1958年在中国科学院地理研究所的科研实践以及大学期间打下的厚实专业基础,刘昌明在地理研究所所长黄秉维先生的主考下通过了留苏考试。刘昌明在北京西苑接受了半年的俄语培训,参加培训的学员有100多名。由于1959年中苏关系恶化,刘昌明不能按原培养计划到苏联列宁格勒的国立水文研究所攻读博士学位。1960年,他以教师进修身份前往莫斯科大学水文系学习。

莫斯科大学对整个学校的学术水平有着很高的要求,刚入学的刘昌明和其他新生一起,最先遇到的就是莫斯科大学特殊的优秀学生遴选。

在面试中,苏联老师首先问刘昌明为什么要学习水文水资源学,他不假思索地从两个重要的方面迅速回答了提问:"首先,水资源在人类发展的历史中有着很重要的作用,它不仅与人类生产生活密切相关,同时还和地理环境以及生态环境密切相关；其次，从中国的国情来看，中国实际上是水资源很缺乏的国家之一，人均水资源占有量不及世界平均水平的1/4。中国虽然有960万平方千米的国土面积，但是只有有水的地方土地才可以利用，人类才可以生活，所以我在西北大学学习时，就选择了国家最需要的一个专业。"面试的老师进一步让刘昌明阐述中国历史上一些水利建设的事迹。对于这个问题，刘昌明出口成章，从大禹治水三过家门而不入，讲到都江堰"深淘滩，低作堰"的思想和灵渠分水方法，再到郑国渠和大运河等著名的水利工程，他将历代中国对水资源的利用和水利建设的辉煌历史为苏联老师徐徐展开。最后，他说道："历代中国在水利和水资源利用方面是领先的，根据目前中国国情我们提出了合理利用水资源的要求，因此我选择这个专业是祖国的需要，也是人民的需要。"刘昌明对水文水资源专业的满腔热血一下子就把在场的听众给镇住了[①]。

面试结束也标志着刘昌明在苏联的留学生涯正式开始了。

重视实践总结　发表俄文论文

当时苏联的水文学科水平走在世界前列，刘昌明将所学的先进数学、物理方法运用到建立产汇流模式，效果十分突出。

刘昌明很重视实践。位于莫斯科西郊当时比较先进的瓦尔戴水资源和水文研究试验站，位置比较偏僻，但刘昌明一头扎进试验站就是好几个月，夜以继日地学习和研究。刘昌明还长途跋涉奔赴位于苏联乌兹别克境内的高山，参观高山总降水量站，学习观测方法。

刘昌明"水文预报"课的老师是中国水文研究领域都很熟悉的加里宁，"河流学"的老师是阿波罗夫。刘昌明主攻的区域水文方向，在校学习期间做了很多水文实验，其中一个实验就是探究流速与坡度的关系。这

[①] 邬翊光访谈，2016年5月31日，北京，资料存于采集工程数据库。

个实验的总体思路是通过调整径流场坡度（0~24度），采用不变或变化雨强，组合成不同的方案，探究流速与坡度的关系。刘昌明在实验中发现，当坡度在2度的时候水流速度变化很大，流速会出现一个突变，这是速度随坡度变化的非线性现象。为了探究流速突变的原因，他继续开展了水流实验，采用了不同流量和不同流速的多种组合方案，通过流量和流速求出雷诺数，发现雷诺数在坡度1~2度存在突变，突变前雷诺数在1000以下，超过2度时就变成了2000左右，水流从层流转变成了紊流是突变的原因。

图4-1 1961年，刘昌明参观苏联乌兹别克境内的高山总降水量站

除此之外，刘昌明在莫斯科大学留学期间还开展了降雨径流实验，参与了野外试验站的相关工作，其中一个试验站是莫斯科水文气象总局在莫斯科近郊的试验站，距离莫斯科市中心约60千米。多年后，当年的试验站已经拆除，但地下室里的升降台还在。他还在哈萨克斯坦阿拉木图地区的流域做了很多人工降雨实验。据刘昌明说，当时在阿拉木图地区做出的

图4-2 1961年，刘昌明（左三）在莫斯科郊外的水文实验站参观

第四章 留学苏联

图4-3 1962年，刘昌明在苏联阿拉木图山区考察

数据和现在学者在类似区域开展的实验所获取的数据规律基本是一样的，这也反映了水文过程中的物理机制，也为后面他领衔开发HIMS模型产流模块打下了基础。

另外，刘昌明还开展了有关土壤水分的实验，所有这些实验都为黄秉维给刘昌明确定的研究方向——水文物理过程提供了有力支撑。

除了做实验以外，刘昌明同时开展了很多关于中国河流的研究，主要研究的河流包括松花江、黄河、长江、珠江等。当时莫斯科大学的老师专注于研究水文要素与其相关要素的关系，其中包括太阳黑子与水文要素的关系，主要研究不同大气环流类型下太阳黑子与河川径流的相关关系。当时刘昌明在长江、黄河做了相关的初步研究。后来回国后他让水文研究室的洪宝鑫继续沿着这个方向做下去，并以此为基础做了长江的超长期水文预报。

值得一提的是，刘昌明在苏联留学期间在科研领域十分刻苦，他在时任莫斯科大学水文系的系主任 Быков В.Д. 的带领下发表了一篇俄文论文，文章的题目是"年径流量变差系数（Cv）的测算（以中国河流数据为例）"。该文根据确定年径流量变差系数的索科洛夫斯基公式，细化了其中的参数，去除流域面积这个参数，再经过变形，并根据北京水利工程研究所的中国80条中小河流

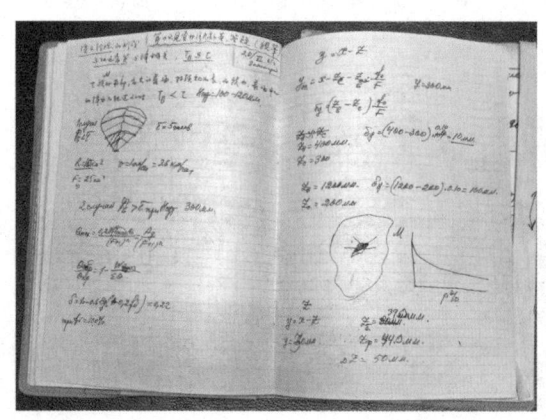

图4-4 苏联学习笔记

的数据进行验证。考虑到年径流量变差系数既与地下补给成反比又与年径流系数成反比等特征,他们改进了计算变差系数的公式。该公式所计算得出的年径流系数,其精度在很大程度上取决于降水量的观测精度。多年以后的2011年,获得莫斯科大学副博士学位、回国后做刘昌明的博士后、留所工作后现任中国科学院地理科学与资源研究所研究员的王平陪同刘昌明访问莫斯科大学,专门到图书馆找到该文的原文,并把原文翻译成中文。原文发表于《莫斯科大学学报》的"地理学系列",1963年第4期的71–72页。

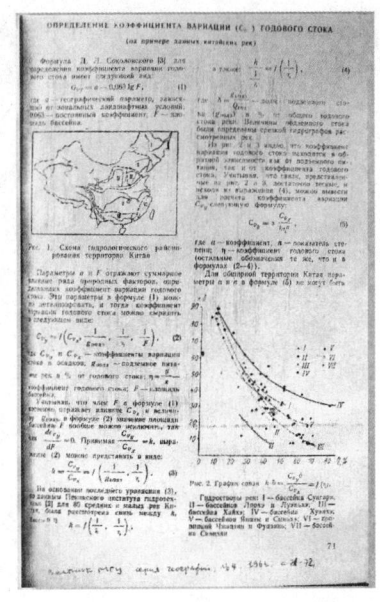

图4-5 刘昌明早年与苏联导师合作发表的文章"年径流量变差系数(C_v)的测算"原文第一页

爱国情怀

除了有声有色的专业学习和项目研究外,刘昌明的日常生活也是多姿多彩的。邬翔光回忆到,刘昌明多才多艺,特别是小提琴拉得很好,当时莫斯科大学会举办一些晚会,刘昌明登台演出,受到了大家的热烈欢迎。刘昌明的表现改变了外国人对中国留学生的刻板印象。那时在苏联的中国留学生成立了一个党支部,留学生们互相帮助和相互学习,他们之间会讨论不同的观点,交流各自对不同问题的看法。

当时有一个思想就是,他们不仅是留学生,还代表着中国新青年的形象,所以展现中国人良好的风貌也是爱国的表现。

据邬翔光回忆,别国的留学生在很多讨论会上会有一些不友好的问题。例如别国留学生会问,中国的媒体说用黑色的物体放到高山的冰雪上,会加速冰雪的融化,促进水利灌溉,你们怎么看?刘昌明实事求是地告诉他们，这不是中国科学家的主流学术观点，是部分人的意见，我们并不认可，因为加速高山冰雪的融化对水资源利用是不利的。

还有其他不友好的问题，如苏联认为黑龙江是苏联的水道，整个黑龙江和乌苏里江都是他们的。刘昌明据理力争，国际惯用的是以河流的中间分界线为界，而绝对不是整条河都是苏联的，两国公用的界河肯定以中间分界线为准。为了进一步说明界河问题，刘昌明还举了苏联与其他国家界河的例子，如苏联和伊朗、土耳其的界河阿拉斯河，土耳其人和伊朗人在河里饮马，难道他们就是侵犯苏联的国界了吗？在苏联和匈牙利的界河狄莎河里，我们也看到匈牙利人到河里游泳，侵犯苏联的国界了吗？无论从国际法还是从国际惯例上讲，界河中的水都属于苏联这种说法都是站不住脚的，因为界河是以河流中心线为界。

刘昌明对提问者铿锵有力的答复，不仅表现出一位科学家对待问题的理性态度，还展现出作为一名中国留学生的爱国情操，维护了国家的利益，也维护了中国的尊严。

在苏联留学期间，刘昌明没拿学位。当时有一个焦点问题就是中苏关系非常微妙，苏联撤走了许多在中国的专家，而此时国家的建设急需人才，所以刘昌明想抓紧时间把苏联先进的东西学到，尽快回国。

1962年年底，刘昌明结束了留学生涯，回国的时候他用节省下来的奖学金买了三百多本书，他一直认为学科之间是有联系的，所以买了很多其他学科的书，例如《生物统计学》。从苏联回到了中国，意味着他第二次学习生涯的结束。

刘昌明在大学学习的地理学专业是一个综合性学科，而水文水资源学是一个专业学科，一个是广博，一个是精深。通过工作和学习，刘昌明将水文水资源和地理学联系在一起，他不仅对水资源的循环利用、水循环各组分的有机联系与转化、产汇流的模型有深入研究，还精通生活用水、工业用水、农业用水以及生态水文领域的专业知识。将水文学与地貌、地质、气候、植被、水土保持，以及其他人类活动等方面密切地联系起来，成为地理学和水文水资源很好地结合起来的典范。通过在莫斯科大学的深造，他对水文学专业知识掌握更加全面，对整个水文过程成因的认识也愈发深入。

第五章
创建径流实验室

径流形成实验室创建过程

刘昌明非常重视水文实验研究。1962年11月,他从苏联学成回国,在他心头藏着一个重要想法。1962年年底,刘昌明正式向所里提出了拟在中国科学院地理所创建人工降雨径流实验室,这个想法他思考已久。刘昌明在苏联留学期间学习的一个重要部分,是在莫斯科大学的人工降雨径流实验室做实验,当时实验室的实验设备非常优良。他已初步掌握了实验技巧,并把重要的仪器设备的构造都记在了心间。

时任地理所所长的黄秉维先生得知刘昌明的想法,当即大力支持,并立即部署水文实验室的力量开展这项工作。结合苏联的学习和工作感悟,刘昌明及其团队明确了建设的室内人工降雨径流实验室将具有的五大特点[1]:第一,室内人工径流实验是对自然条件下径流实验观测的必要补充。很多时候

---

[1] 周成虎,刘苏峡,于静洁,等. 从实验水文到水文系统模拟——刘昌明先生水文科学思想学习的几点认识.《地理学报》,2014,69(5):588-594.

野外实验都会有遗漏或者干扰因素太多，导致最终的观测结果不准确，通过室内径流实验能很好地解决这个问题。第二，室内降雨径流实验可以通过精确的径流形成条件控制来探索径流形成过程中单要素的作用，提高探究单要素对径流形成过程作用结果的准确性。第三，室内降雨径流实验可以模拟自然界中罕见过程。通过模拟罕见现象，解决野外观测时需要等待很久才可能相逢的问题，大大提高了研究径流形成过程的效率。第四，通过室内降雨径流实验，还可以在有限资金条件下获取更多的资料。野外观测耗费大量的金钱，很多时候野外实验条件较差时对资料的获取也有很大影响，而室内降雨径流实验花费低，在相同的资金支持下所能获取数据更多。第五，通过室内降雨径流实验，还可以对新技术进行试验和验证。新技术的完成往往需要通过不计其数的实验，不断调整技术本身的参数，才能使技术不断完善，假如每次实验都跑去野外，耗费的人力财力是相当巨大的，所以室内径流实验不仅省去了到野外试验和验证的时间，也减少了资金支出。

刘昌明及其团队确定了室内径流实验的三大任务。第一任务为探索径流形成中各单要素的作用及这些因素之间的相互关系，第二任务为通过综合模拟实验模拟自然流域的径流形成过程。可以看到，以上两点任务都侧重于对径流形成过程机理的探究，这正是刘昌明地理水文"三观"中"成因过程观"实践的重要体现。由于当时我国水文事业正处于起步阶段，有关仪器和技术都还相对落后，因此第三个任务是研究实验技术和改进并研发实验测定仪器等。

1964年，在中国科学院地理所所在的917大楼的东南侧的两层楼的东头，人工降雨径流实验室（正式名称为径流形成实验室）正式落成。径流形成实验室由三大部

图5-1 径流形成实验室（张士锋等，2004[①]）

① 张士锋，刘昌明，夏军，等. 降雨径流过程驱动因子的室内模拟实验研究.《中国科学》（D辑：地球科学），2004（3）：280-289.

分组成：人工降雨装置、径流实验台和测流装置。坡面调控装置位于地下室。其中，人工降雨装置用于模拟自然降雨，通过不同实验要求人工控制降雨量的大小；径流实验台用于模拟自然界中降雨形成的径流过程；测流装置用于径流数据读取。

径流形成实验室是中国首个大型室内人工降雨径流实验室。此后，国内一些高校，如西安理工大学、河海大学、中国科学院沈阳应用生态研究所长白山站也相继建成了各自的人工降雨径流实验室，这些实验室在建设前都曾来径流形成实验室考察、借鉴、观摩。

径流形成实验室产出丰富成果

刘昌明率领多名中外研究生利用实验室开展研究，降雨径流实验积累了一大批水文实验资料，发表了一批基于实验的重要成果。

基于国内外有关流域降雨径流非线性关系的研究情况，根据西北地区坡面流试验与室内模拟实验的资料分析，刘昌明领衔论证了流域汇流的非线性问题，初步探讨了非线性指数与流域特征值的关系，在此基础上，提出了一种非线性处理方法，供流域汇流计算参考使用[1]。

1990年，博士生刘苏峡通过正交实验设计在径流形成实验室开展实验，揭示了雨强为界面物质传输的主控作用。地下水/地表水界面是水文循环直接或间接作用结果，是地表水/地下水系统作用的接口，是其信息传递的媒介。通过将其抽象为从厚度为0（简单界面）逐渐向最大蓄水容量（复杂界面）过渡的变厚度界面层，根据多孔介质流体动力学理论，建立了地下水/地表水界面的物质传输方程。[2]

降雨径流过程的驱动作用可以归结为两个方面：第一是降雨过程的影

---

[1] 刘昌明，王广德，吴凯. 流域汇流的非线性关系及其处理方法.《地理研究》，1982，(2)，32-38.

[2] 刘苏峡. 地下水/地表水界面的物质传输. 北京：中国科学院地理研究所博士论文，1990.

响，第二是下垫面变化的影响。2004年，博士生张士锋通过在实验室开展模拟实验，发现单位线用于南方湿润地区的降雨径流过程模拟更为合理，而在北方的干旱、半干旱地区，由于降雨强度变化快，降雨历时短，所以使用时要特别注意降水条件。这也说明了过去的水文模型在北方地区的产汇流效果不好的原因。降水历时较小时，流域的汇流特性有较为剧烈的变化，此时流域未达到全流域汇流，这反映了实际北方降雨径流情况，因此单位线使用时必须进行适当的非线性校正；当降雨历时大于流域的全面汇流时间后整个流域达到蓄泄平衡，适用于南方长时间降雨径流关系和产汇流的基础理论研究。流域的调蓄量与降雨强度和洪峰流量呈线性关系，受下垫面影响和植物截留作用十分明显，而与植物截留的位置关系不大[1]。

人工降雨入渗实验是产流过程与机理研究的重要手段之一。为了提高人工实验观测的精度和可靠性，通过技术升级改造，2017年，博士生杨默远研制了一种新型人工降雨入渗实验系统[2]，主要包括下垫面系统、人工降雨系统和数据观测记录系统三部分。该系统在降雨时间过程的平稳性与空间分布的均匀性、流量观测的精度与时间分辨率、系统的自动化程度与便携性等方面表现优异，能够为降雨入渗产流机理研究提供重要的技术支撑。

"五水"转化动力过程实验装置

2008年，径流形成实验室被迫拆除。刘昌明先生站在科学前沿，提出发展高速、高效、高精度、多因素、综合集成型的陆地表层水土过程实验系统建立的设想，并经过多年的不懈努力，于2012年建成了具有国际先进

---

[1] 张士锋，刘昌明，夏军，等. 降雨径流过程驱动因子的室内模拟实验研究.《中国科学》（D辑：地球科学），2004（3）：280-289.
[2] 杨默远，王中根，潘兴瑶，等. 一种新型人工降雨入渗实验系统研制.《水文》，2017，37（1）：39-45.

水平的水土过程实验系统。该实验系统以流域为研究对象,由"五水"转化动力过程实验装置(简称"五水"装置)、坡地观测系统、河流观测系统、河口观测系统、地壳升降装置及自动控制系统组成,可实现流域水循环过程中的水与大多数地面物质迁移过程的模拟实验。

水土过程实验系统中的"五水"装置是刘昌明提出和亲自设计的室内水文循环实验系统。该系统以大气—植物—土壤—地下系统内的水量转化及其伴随的物理、化学和生物过程为研究内容,可综合控制大气环境条件(光照、温度、湿度和CO_2浓度)和土壤水分状态、鉴别土壤-植物-大气连续体(SPAC)水分传输过程,具备观测和模拟生态水文过程能量传输过程和水分变化过程的能力。该系统首次将大型蒸渗仪与人工气候原理耦合,用于研究耦合降水—地表水—土壤水—地下水—植物水"五水"的转化关系,测定各个界面的相关参数。基于"五水"装置,可分别或集成模拟自然气候要素和土壤环境变化影响下的SPAC系统内物质迁移、能量平衡和水分循环,模拟人类活动直接和间接影响下的SPAC系统内物质、能量平衡和水分循环之间的相互关系,模拟地下水的渗流过程等。

迄今,多名研究生利用该装置开展研究,并完成了学位论文。

博士生陈学娟,通过该装置做实验[1],开展了叶片尺度的荧光参数观测,发现:中低等光照条件下,水分胁迫使得光化学产额下降、荧光产额和非光化学淬灭产额增加。中低等光照条件下,水分充足时,荧光产额与光化学产额呈负相关关系;水分胁迫时,二者在低光照条件下仍为负相关关系,但在较高光强水平下二者变为正相关关系。结合非光化学淬灭产额分析发现,当非光化学淬灭产额较低时,二者为负相关;反之,二者为正相关。

博士生吴亚丽,运用该装置精确控制夏玉米生长环境条件,监测蒸散发实时变化,分析了均质粉砂壤与层状壤质土土壤条件下夏玉米耗水

---

[1] Chen XJ, Mo XG, Hu S, et al. Relationship between fluorescence yield and photochemical yield under water stress with intermediate light. Journal of Experimental Botany, 2019, 70(1): 301-313.

图5-2 2013年12月27日，博士生吴亚丽和刘昌明（左一）等在"五水"转化动力学装置前

图5-3 2018年年底，刘昌明（右二）和刘苏峡（右一）、莫兴国（左一）、博士生Veronica Sobejano-Paz在"五水"转化动力学装置前

规律[①]。

博士生谭丽萍，利用该装置，研究了温室条件下玉米净光合速率及其关键影响因子，探索玉米各生育阶段、植株各个叶位的叶片净光合速率的分布特征及其与叶片生理生态参数的关联性。

2018年，中国科学院大学中丹学院博士生Veronica Sobejane-Paz利用该装置开展了玉米生理参数的定量化实验探求叶片对高温的响应机理[②]；博士生何力鸿和硕士生陈秋潭开展了土壤-植被（玉米）-大气连续体的氮运移的实验研究。

刘昌明在地理所建立的中国第一个室内降雨径流实验室及其衍生的"五水"转化动力过程实验装置，对我国水文室内实验研究至关重要，有力地推动了我国水文实验的研究。同时，室内水文实验室也是实现刘昌明地理水文"三观"思想中"成因过程观"和探究水文过程成因的重要载体。

[①] 吴亚丽，宋献方，马英，等. 基于"五水转化装置"的夏玉米耗水规律研究.《资源科学》，2015, 37（11）：2240-2250.

[②] Sobejano-Paz V, Mo XG, Liu SX, et al. Heat dissipation from photosynthesis contributes to maize thermoregulation under suboptimal temperature conditions. bioRxiv. 2023：1-46. https://doi.org/10.1101/2023.01.27.525868.

第六章
发展野外观测技术

刘昌明注意到实验室研究的实验与自然条件下观测的不同，大自然中的水文过程是全面综合的结果，野外观测能反映真实情况。因此，他认为大自然是水文研究最具价值的野外实验室。室内实验室可以帮助理解野外观测难以观测的过程与参数。总结刘昌明的研究历程：先野外天然流域观测后开展室内实验室模拟实验，再发展计算模型，最终为区域可持续发展提供应对策略，直至预测、预报与控制。

任黄龙实验站站长

早在20世纪50年代初期，我国就开始了陕西地区的水土保持试验规划。中国科学院地理研究所参加了该规划，负责在黄土高原选择站点位置。当时地理所所长黄秉维带着一批年轻人开始选站点开展工作，共选定了10多个试验站，均属于高原沟壑区水土保持森林水文的类型，用于研究森林与水土流失之间的关系，这些站隶属于陕西省水保厅，黄龙站是其中之一，自1961年地理所就开始派人每年在黄龙站做实验。

刘昌明从苏联留学回来后第一年全身心投入室内降雨径流实验室的创建工作，第二年，也就是在1963年的春天开始正式在黄龙站工作，并被任命为黄龙站站长。站上人员来自陕西黄龙水土保持站、中国科学院、北京大学、北京师范大学，有十几个人，包括刘彩堂、李林、关威等。黄龙站地处环境幽静的黄龙林区腹地，在过去两三百年间，黄龙林区经历了回汉冲突和瘟疫，土地由曾经的耕地变为无人区。得益于年均600毫米的降水量，加之少有人类活动影响，自然逐渐修复，最终演替成为森林。森林呈东西分布，子午林区在西边，黄龙林区在东边。黄龙站设在黄龙林区中靠近洛川黄土高原农业区的地方。围墙围起的三排平房错落在院子里，其中两排用作宿舍，另一排用作厨房和厕所；围墙外，观测小流域径流、河流断面、土壤水分和降雨量的各种仪器棋列在森林的各个地方，这便是黄龙站最初的模样。

由于黄龙站地处黄龙林区内部，离城市很远，加之计划经济体制下得到的经费有限，刘昌明和同事们过着粗茶淡饭的生活。出黄龙站大门往西，巍峨高耸的高原区让人心生畏惧，放眼望去寥无人烟。往东是连绵不断的丘陵区，零零星星散落着几户人家。在东边两座山的垭口，伫立着一个饭馆和一座粮站，顺着垭口继续往东走三十里就是县城了。大多数时候，刘昌明和同事们都是用单位发的粮票在粮站换取一些粮食，包括小麦、高粱和小米等。将换取的粮食拿回黄龙站后，再通过驴拉磨的方式把这些粮食研磨成面粉做成馒头、窝窝头等主食。尽管如此，这些经过大费周章"改造"后的主食依旧淡然无味。由于当时黄龙站属于陕西省水保站，有的时候刘昌明他们还会领到水保站下放的粮食，而这些粮食很多都已经发霉。除了淡然无味的主食外，配菜更是难以下咽。平日院子里会种几棵蔬菜，但数量品种都不多，只有等到蔬菜成熟的时候才能吃，所以大多数时候刘昌明和同事们都只能吃咸菜。

由于长期过着吃糠咽菜的生活，在黄龙站工作的很多人身体开始吃不消，好几个人都得了肝炎。刘昌明和同事们并没有因为艰苦的条件就退缩，"虽然很辛苦，但是大家都非常忠于党的号召"，刘昌明回忆道。

合作研制人工降雨器和电测土壤水分仪

刘昌明一直是个有计划的人，在得知将被派往黄龙实验站后，刘昌明提前两个月就开始做准备了，而这次准备的两件"宝贝"非同一般。

第一件"宝贝"是人工降雨器。1962 年刘昌明刚从苏联留学回来，地理所的黄秉维所长给他配了两个助手，分别是曾明煊和刚从河海大学工程水文专业毕业的洪宝鑫。

制作人工降雨器的工作从零开始，没有专人指导，从设计到制作的整个过程都全靠刘昌明和洪宝鑫两个人自己摸索。刘昌明一直以来都十分重视水文学研究领域的应用方法手段。之前在苏联留学时，刘昌明参观了苏联许多实验站和实验室，学习了做人工降雨径流实验，积累了很多经验，也学到了很多开展水文实验的方法。刘昌明学以致用，把这些方法用到了国内。当时苏联做的人工降雨器用的是煤气灯喷头，他借鉴苏联的方法做出了我们国家自己的人工降雨器。受当时我国技术水平的限制，刘昌明等做出的初代人工降雨器是手摇式的，后来才有了电动的人工降雨器。之后，刘昌明把做好的人工降雨器带到黄龙实验站开展野外人工降雨实验。

值得一提的是，刘昌明他们制作的人工降雨器跨越了多个时代。除了用到了地理所室内降雨径流实验室，还被地理所的林文盘老师等用到了青藏高原，直到现在人工降雨器还被广泛应用。

第二件"宝贝"是电测土壤水分仪。协助刘昌明制作这个"宝贝"的是助手曾明煊。

曾明煊最初在武汉华中工学院当技工，后来辗转兰州大学地理系研究土壤水分。由于在土壤水分研究领域摸爬滚打多年，他在测定土壤水分需要用到的无线电技术上很有建树。

刘昌明说："曾明煊无线电技术好得不得了！"曾明煊在当时制作电测土壤水分仪的过程中立下了汗马功劳。在测定土壤水分的各种方法中，电测是最好的，也是最为精确的。刘昌明和曾明煊制作的电测土壤水分仪以电桥原理为基础，水经过埋在土壤里的土壤水分仪的传感器时，会引起电流频率的变化，通过电流观测频率的变化就可以测定锋面的位置。

电测土壤水分仪的制作完成，大大提高了监测土壤水分变化的效率。刘昌明首先把它用到了地理所的室内降雨径流实验室，用来测定经由人工降雨器产生的降雨渗入土壤后的土壤水分变化情况，之后他在黄龙站监测森林土壤水分时，该仪器也起到了很重要的作用。

积累人工产流数据

从1963年起，刘昌明每年初春都会来黄龙实验站开展降雨径流野外实验。白天，他们的主要工作是在林区内做野外实验，包括降雨径流观测、草地、土壤渗透及汇流试验等，每天的科研工作繁忙而枯燥。夜里，森林里会有"神秘来客"。刘昌明回忆道，"山里的夜特别安静，可以远远听到狼的叫声。"

1963—1965年，刘昌明和其他人员，每年在黄龙实验站工作七八个月的时间，通过野外实验积累了几百场人工降雨产汇流机制数据，回到地理所后，刘昌明接着做了一系列室内降雨径流的实验。在黄龙站开展的野外实验与在地理所开展的室内降雨径流实验相结合，刘昌明等对黄龙林区内降雨产流和汇流的基本规律有了较清晰的认识。

通过在黄龙站开展的研究工作，刘昌明等采用了人工模拟降雨的方法，初步探讨了"超渗产流"理论，并在这一理论的基础上初步探索了计算与预报暴雨径流量的方法，研究成果发表在《科学通报》[①]。根据流域的自然条件，选择了各种典型样地，得到了暴雨径流计算公式，误差在允许

[①] 刘昌明，洪宝鑫，曾明煊，等. 黄土高原暴雨径流预报关系初步实验研究.《科学通报》，1965（2），158–161.

范围之内，研究成果在《地理学报》上发表[①]。

产流和汇流作为黄龙野外实验的研究重点，是水循环的"成因过程"的重要环节，也从侧面勾勒出刘昌明在地理水文"三观"思想中的"成因过程观"。

与关威喜结良缘

1966年3月，刘昌明被安排到延安一带的农村，与农民"同吃、同住、同劳动"，研究如何发展农业生产。刘昌明任队长。队伍有20多人，包括在1963年的春天开始和刘昌明一同在黄龙站工作的关威。

关威，1945年4月20日，出生于哈尔滨，9岁那年随父母迁到北京。父亲是铁道部客运处调度师，帅气又儒雅，性格随和善交流，酷爱京剧，是京剧票友。母亲是铁路文工团舞美队的服装师，心灵手巧，孩子们的衣服都是她亲手裁制，穿在身上既得体又好看。关威姊妹五个，个个眉清目秀，容貌俏丽，大家把姊妹五人称为"五朵金花"。大妹从小考入铁路文工团，20世纪70年代由中国政府援建的坦赞铁路（又称"友谊之路"），全线贯通时，她曾随中国代表团到坦桑尼亚、赞比亚等非洲国家巡回演出。大妹做事有条不紊，爱干净，家里有个亮光的紫檀木架子上错落有致地摆满了各种异国风情的工艺品，并打理得一尘不染。三妹跟关威住在同一个小区，中学毕业时正赶上"知识青年上山下乡"，响应国家号召到北大荒锻炼，五年后回京就读于北京大学生物系。三妹做事心细，为人热情。五妹是空政歌舞团的一名演员，曾在电影《红楼梦》中饰演林黛玉的丫鬟紫鹃，80年代末出国留学，随后定居加拿大。

关威在家里排行老大，虽说是老大，但家里的大事小情，都是她的大妹主事。和妹妹们性格不一样，关威做事有自己的个性。她效仿大妹也在

---

① 中国科学院地理研究所水文研究室. 黄土坡耕地水土流失计算方法的探讨. 《地理学报》，1966（2）：140-155.

家里置办了一个架子，架子上也摆放了一些工艺品，但是不善于打理，刘昌明常调侃关威是"重建轻管"，不爱收拾。

关威性格外向、直爽，说话跟炒豆子似的干巴利落脆，熟悉她的人，比如吴传钧院士、孙鸿烈院士等都叫她"小豆豆"。关威回忆道，刘昌明从苏联留学回国后，当时地理所水文室没有主任，刘昌明作为副主任，代理主任开展工作。当时我国与美国等西方国家关系不好，出国交流是被严格限制的。地理所水文室有个年轻科研人员想去美国深造，就和刘昌明商量，刘昌明认为我国的科研水平还比较落后，到发达国家学习取经，对我国的科研事业是有帮助的，刘昌明鼓励该同志出国学习，并承受着挨批斗的风险，以水文室负责人的身份签字同意该同志出国学习。刘昌明的意见得到了所领导的认同，同意派送该同志出国学习。事情虽说已经尘埃落定，但在"以阶级斗争为纲"的年代，这么做还是冒着一定政治风险的，刘昌明告诉关威，此事一定不要说出去。关威性格直爽，心里怎么想就怎么说。有一次所里开展"自查自纠"活动，要求每个人都要深刻反省自己的错误，彻底肃清资本主义的流毒，与资产阶级思想划清界限。关威思来想去觉得没什么可写的，为了完成政治任务，提高思想觉悟，"深刻"检讨自己，就把这件事在"自查自纠报告"中向组织做了汇报。这件事让刘昌明很是被动，现在提起这件事刘昌明对关威还有责怪的口气。

也许是关威正好和刘昌明严谨的性格互补，在延安农村的这段时间，刘昌明与关威互相产生了好感。

1966年5月，"文化大革命"爆发，已颇有研究成果的年轻专家刘昌明成了"走白专典型"。刘昌明被从延安召回北京，接受劳动改造，关威也随刘昌明一起回到北京。

劳动改造期间，刘昌明作为从苏联留学回国人员，被扣上"苏修特务"的帽子，是"批苏批修"的对象，不能正常开展科研工作，还经常作为典型挨批斗，这使得刘昌明整日无精打采，生活一度很是消极。

在那个时候，关威敢于接近刘昌明，使得他在艰难困苦的日子有了些许希望。刘昌明整日拔草、扫垃圾、读报纸，参加政治学习。在不被人注意的时候，刘昌明仍然忘不了阅读业务书籍，而鼓舞刘昌明坚持下来的一个重要原因是来自关威的鼓励。

1969年，中国科学院院长郭沫若提出向解放军学习，在中国科学院系统提拔一批年轻干部，地理所提拔了4个研究室副主任，刘昌明恢复了工作，并被任命为水文研究室副主任。

从黄龙站回到北京，关威一直与刘昌明同在地理所工作，而且同在一个大办公室，刘昌明作为领导在靠里侧的一个单间，关威与十几个研究人员在外边。从野外实验到回地理所的长时间相处，关威和刘昌明彼此深入了解，并产生了深深的爱意，两人相互倾慕。1969年3月，他们喜结良缘。

刘昌明回忆道：有一天晚饭后，刘昌明说要去单位加班，关威说她在家里没事，想自己亲自组装一台收音机（关老师在学校是学无线电专业的）。刘昌明说："好啊，做事情就要理论联系实际，把学校学到的知识在实践中进行检验，这样才能提高你的真实本领。"在刘昌明的鼓励下，关威把家里的三个收音机全部拆卸，桌子上摆满了线圈、二极管、扬声器等零部件。等刘昌明回到家里时，发现关威已经趴在桌子上睡着了，从那之后就再也没听"岳飞传"了，因为三台收音机都没有组装好。

这件事应该是在他们结婚不久，当时的婚房是在地理所东边917生活区一个旧的楼房，是一间不足10平方米的合租房。晚上刘昌明经常去单位加班，关威便一个人默默地守护着这个简陋的家。有时候刘昌明工作到深夜回到家后，关威主动为刘昌明煮碗挂面端到跟前，虽然清淡但爱意满满。"那个时候她可乖、可温柔了"，回顾过往，刘昌明的幸福感油然而生。

多年以后，本书作者之一吴永保记得有一天早晨陪刘昌明、关威去医院体检的路上，天空晴朗、迎着朝霞，看着两人心情不错，吴永保想活跃一下气氛，便问刘昌明和关威："当年你们怎么认识的？是谁先追的谁啊？"关威开口便说："他往我饭盒里塞纸条"。刘昌明急忙辩解："她是个'傻子'"，话来语去，传递着这对伴侣之间的相爱相知。

关威回忆说："当年我爸爸在东北工作时因会说日语，'文化大革命'期间被列为日本特务受到不公对待，刘昌明被说成'苏修特务'，在那个特殊时期和特殊背景下我俩走到了一起。"她还提及："我爸爸跟吴传钧院

第六章　发展野外观测技术

士是好朋友，他说刘昌明勤奋、有志向、为人谦和等好多好话，所以我们结婚以后，吴传钧院士总说我们俩的结合是他做的媒"。

关威也曾抱怨过刘昌明从来没有节假日，生活就是开会、出差，几次搬家都是她忙前忙后，小孩的家长会都是她去参加，刘昌明从不过问。为此，刘昌明也常对关威说要"科学人生"，所谓的"科学人生"就是做事要有计划，并养成良好的生活习惯。每年的元旦前刘昌明都会提醒吴永保给他准备一两本工作日历，他把一年的工作计划都写在这个日历上，刘昌明以他自己为例告诉关威这样做事是行之有效的。对此关威心里也很认可，但还是模仿着河南的方言打趣道："恁光荣，恁伟大"，每当刘昌明批评关威时，关威总有办法应对。刘昌明对此也无奈地说道："她是大事化小、小事化了"，说着，说着两人都乐了起来。刘昌明经常在外面开会住宾馆，但他总说"金窝银窝不如自己家的'狗窝'"，由此可见，刘昌明心里认为家里虽然有点乱但很温暖。

在两人共同生活的半个多世纪里，虽说也时有吵闹，但更多的是相互包容与理解，这也成了两人一种特殊的交流方式，也许正是这种特殊的相处模式，才使得两人的精神面貌和身体状况保持得都很好。直到现在，刘昌明都没有间断他的科研工作；关威更是一头乌发，容光满面，医保卡几乎没有使用过。

两人性格虽有差异，但有一个共同特点——生活节俭。这也许是刘昌明经常提到的"两个务必"（务必继续保持谦虚、谨慎、不骄、不躁的作风，务必继续保持艰苦奋斗的作风）的影响。虽说关威平日里舍不得吃穿，但关键时刻却毫不含糊。刘昌明曾经不慎摔倒过两次，导致两条腿骨折而住进医院。在这期间，已近80岁高龄的关威，仍然坚持到医院送饭和陪护，而且不惜花掉自己的全部退休金去买特效药和保健品，以及寻求中医传统方法帮助刘昌明早日康复。关威虽然嘴上很少夸赞刘昌明，但在行动上体现出的却是满满的关心。

第七章
西北铁路新线水文计算新模型

20世纪50年代后期，有一个援非项目是帮助几内亚和马里修建两国的铁路，简称"几马线"（即非洲的几内亚-马里）。当时中国铁路建设正处于起步阶段，技术还不成熟，相较于苏联的铁路建设技术还有很大差距。毛泽东主席提到，要把铁路设计搞到国外去，绝不能用苏联的方法。当时国内也一直有反对崇洋媚外的呼声，强调"几马线"的援建必须要有中国自己的设计特点，铁路设计所需径流计算和过水涵洞的孔径设计都要用自己的方法。

在这一背景下，为了尽快制定出我们国家自己的一套铁路桥涵设计方法，铁道部在全国范围内召集可以完成此项工作的部门，到西北地区开展铁路桥涵设计的开拓性工作。希望中国科学院地理研究所能开展铁路桥涵设计工作中的水文径流的计算工作。中国科学院地理研究所随即派了包括刘昌明在内的一个团队赶赴西北开展工作。这个项目也成为刘昌明地理水文"三观"思想中"成因过程观"的又一重要实践。

构建小流域暴雨径流计算公式

1969 年，刘昌明告别新婚妻子，和同事们从北京赶往兰州领取任务。当时刘昌明是在一个大的勘察设计队里工作，勘察设计队由三个设计组组成，包括路线承载力组、站场组和径流计算桥涵组。其中，路线承载力组主要负责计算铁路究竟能承载多大的运输量、铁路路基可以承载多重的货物等工作；站场组的工作与铁路沿线上每 12 千米处设立的站场有关，主要负责与小桥涵建设有关的工作；径流计算桥涵组主要负责计算小流域无资料地区的径流量，专门为铁路桥涵设计所用。当时刘昌明他们组被称为"小径流战斗组"[1]，小组成员不仅包括中国科学院地理所的人员，还包括当时铁道部西南铁道科学研究所的人员。

开赴西北工作的第一站是在陕西。为了建立无资料小流域径流计算公式，刘昌明他们组被安排到陕西阳平关到安康的铁路线（简称阳安线）上开展野外调查工作。

"小径流战斗组"在该地区的主要工作是根据径流形成过程，研究暴雨的频率分析与计算，研究入渗与产流，并针对西北地区的径流形成特点，进行野外人工降雨实验。寻找新的径流计算公式作为难度最大的工作由刘昌明负责，而在这个漫长的计算公式寻找过程中所需的计算量是非常巨大的。水文学由于其涉及的数据和公式特点，常常会遇到像小数点开方、非整数的对数或指数的计算等复杂的数学计算，解决这类问题常用的方法是利用计算尺来计算，所以当时每人一把计算尺，从早到晚不停地拉计算尺，组里同事们自嘲为"拉小提琴"。除了使用计算尺来完成复杂的数学运算，一些加减乘除的简单运算则是通过算盘和手摇式计算器来完成。虽然采用以上三种计算工具最终都能算出来结果，但是计算效率实在是太低了，刘昌明想了个新方法——诺模图。

---

[1] 梁季阳，"小径流战斗组"回忆文章，未刊稿。

为什么能想到用诺模图来算呢？刘昌明解释道："书中自有黄金屋！"事实上，刘昌明在中学阶段就特别喜欢读书，而在大学时代更是养成了博览群书的好习惯，他不仅会读专业相关的书籍，还会读其他专业领域的书籍。诺模图便是刘昌明在读其他专业书籍时"借来的"，而实践证明"借来的"诺模图在水文计算中效果非常好，大大提高了水文计算的效率。这是国内第一次将诺模图运用到水文计算中，刘昌明是开拓者。之后，诺模图开始在水文计算中普及开来，直到现在也仍在使用。

刘昌明喜欢从根本上去分析问题。他强调，要想从根本上去理解一个问题就不得不弄明白这些问题背后所隐含的数学和物理过程，而数学和物理过程是相互联系的，所以他十分注重数理知识，对数理知识在水文学中的应用也游刃有余。因此，良好的数理基础为他构建小流域暴雨径流计算公式打下了坚实的基础。

在阳安线，经过大量的野外实验和室内计算，并考虑了多重因素对径流过程的影响，刘昌明成功推导并构建了小流域最大流量的计算公式，并以这个基本公式为基础，深入研究了暴雨的时空分布、入渗产流、坡面汇流、沟道集流过程，具体分析了各环节的计算参数；采用单位线卷积公式，估算水文过程线；发现羽毛状和扇形流域汇流曲线不一样，发现最大流量同时造峰的规律。

1969—1978 年，"小径流战斗组"奋战了 7 年，取得了一系列的成果。他们在成功推导出小流域最大流量的计算公式后，铁道部又派刘昌明所在的科研队先后去往西安—延安铁路、西安—侯马铁路、兰州—乌鲁木齐铁路和天山—库尔勒铁路线，将他们推导出来的公式运用到这些线路中。"小径流战斗组"付出的努力没有白费，最终在阳安线考察研究上建立的公式在其他几条线路上的应用效果也非常好。

通过在西北推求小流域径流计算公式，进一步巩固了刘昌明的"成因过程观"在地理水文认识和研究过程中的重要地位。

干校岁月仍痴迷专业

1966年5月7日,毛主席提到军队以军事为主兼学别样,工人以工为主兼学别样,农民以农为主兼学别样,学生以学为主兼学别样。后被称为"五七指示"。《人民日报》就此做了报道:广大干部下放劳动,这对干部是一种重新学习的极好机会,除老弱病残者外都应这样做。在职干部也应分批下放劳动。1968年5月,黑龙江省革命委员会根据"五七指示",组织大批机关干部下放劳动,在庆安县的柳河办了一所农场,定名为"五七干校"。此后,有很多单位开始筹办"五七干校"。

1969年10月,毛泽东看到一篇名为"柳河'五七干校'为机关革命化走出条新路"的文章后,意识到创办"五七干校"既能贯彻落实他的"五七指示",又能将全国引上一条新的发展道路,而且还是个培养和改造干部的好地方,于是发出了"广大干部下放劳动"的指示。党政机关、高等院校、文教科技战线的大批干部、教师、专家、文艺工作者等知识分子被下放到农村,到各地开办的"五七干校"参加体力劳动,接受贫下中农再教育。当时中共中央、国务院所属各部委及豫、赣、鄂、辽、吉、黑等18个省共创办"五七干校"106所,下放的干部、家属达10余万人。

总而言之,"五七干校"是为贯彻毛泽东的指示办起来的,其主要目的是强调体力劳动的重要性,反对只重视脑力劳动,使大量知识分子和干部受到全方位的锻炼。中国科学院也不例外,开办了"五七干校"。

1969年,中国科学院北京地区头两批科技人员和干部离京,下放到修建在宁夏陶乐和湖北潜江的中国科学院"五七"干校参加劳动。1971年,刘昌明的夫人关威前往湖北潜江"五七"干校开启了长达一年的干校生活。由于当时刘昌明在西北开展径流调查工作,没有参加这一期的干校活动。1972年6月,刘昌明的大儿子出生。由于身在考察队远在青藏,没法及时赶回,刘昌明只好用书信问是男孩还是女孩。妻子关威回信说是"女孩",刘昌明非常高兴信以为真。不久后刘昌明回到北京家里,在给孩子把尿时才知道原来是一个"秃小子"。关威后来回忆说,刘昌明给她写信总是有事说事,开门见山地1、2、3几行字,事情交代清楚附上落款,从来没有甜言蜜语。所以关威在回信时故意捉弄刘昌明,把儿子说是女儿。

1972年10月,中国科学院湖北潜江"五七"干校撤销,迁址到河南确山。1973年7月,刘昌明进入中国科学院河南确山"五七"干校。在干校首要的任务就是劳动,学员需要自己动手盖房、修路、打井、挑水、担粪、种庄稼等,且劳动时间长、强度大、伙食差、肉极少,就连青菜也是限量的。据刘昌明回忆,当时他们在干校被分成了几个小组,包括农业组、基建组和畜牧组等。其中,基建组的主要任务是为修宿舍和建食堂开展基本建设;农业组的主要任务是种植自给自足的粮食蔬菜;畜牧组的主要任务是养猪放牛,还有一些组负责其余工作。

当时刘昌明和其他三十多个来自地理所的干部被分到了基建组。干校实行军事化管理,所有的学员都过着集体生活,并有军代表监督学员。每天早晨干校军号一响,大家就起床干活。平日里,刘昌明所在的基建组每天的工作是做一些泥瓦工,包括搬运砖头、挑运泥灰、搅拌水泥等。

除了每天繁重的劳动外,干校还有一个重要任务是学习。当时学的并不是专业书籍,而是《哥达纲领批判》。学习需要宣讲员,刘昌明被选为基建组的代表,与来自中国科学院地质研究所的孙枢作为农田组的代表,一起被抽调出组,作为宣讲员。

7月为河南确山的河流汛期。鉴于干校位于薄山水库的尾水地带,出于专业的本能,刘昌明感觉到汛期行洪给民众可能带来威胁,他及时向当时的军代表进行了汇报。军代表比较民主,遂立即派刘昌明和孙枢一起专门为此开展洪水调查。刘昌明和孙枢,还有当时从前几期干校留到本地的张天真一起立即到郑州和其他地方的水利部门查资料。经过分析,刘昌明认为3~5年内干校可能面临被淹没的风险。之后,刘昌明给军代表汇报了调查结果。当时军代表表示重视,但可惜没有采取行之有效的预防行动。两年后的1975年8月,距离确山不远处的板桥水库发生溃坝,伤亡惨重。邻近板桥水库的干校遭遇了洪灾，校舍被淹。干校之后搬到了河北文安，成为后来的文安干校。回忆这段往事，刘昌明至今记忆犹新。

1974 年 7 月，经历了一年干校生活的刘昌明离开确山回到地理所继续工作。

第八章
青藏铁路踏勘

参与青藏铁路勘测

从 20 世纪 50 年代初开始，中国政府就开始在西藏交通建设上发力。1958 年 9 月，兰州到西宁的兰青铁路开工后仅 4 个月，青藏铁路西宁到格尔木段（简称西格段）悄然开工。然而始于 1958 年的"大跃进"和接二连三的自然灾害使国家财力紧张，青藏铁路项目被迫停工。直到 1973 年 12 月 9 日，毛泽东主席在北京中南海会见尼泊尔国王比兰德拉时明确表态，中国将修建青藏铁路，这条铁路不仅要通到拉萨，而且要修到边界去。于是，青藏铁路再次开工。

正是在这一背景下，刘昌明于 1973 年开始投入青藏铁路的勘测设计工作中。当时铁道部第一勘察设计院组织了 1700 人的庞大勘察设计队伍，沿格尔木和拉萨 1000 多千米的青藏公路两侧，展开了气势磅礴的勘察设计"大会战"。

刘昌明便是这庞大队伍中的一员。与之前在西北开展的勘察工作不同的是，在青藏高原勘察时有了独立的小流域径流勘探队，勘探队人数最多时达到了30多人，其中还包含了会计、厨师和司机在内的后勤人员。当时的西南铁道部还派了两个人专门去刘昌明队里学习勘察过程中的先进方法。此外，队伍里还配备了两台汽车，方便队伍外出野外开展勘探工作。

在青藏高原的工作时间和西北相仿，仍然是过着候鸟般的生活。每年的三四月份，刘昌明就要和同事收拾行李，准备仪器设备，从北京坐火车赶往格尔木，到年底12月或者来年1月才能返回单位①。

从格尔木到拉萨这段"道阻且长"的勘察之路上，沿途驻扎了许多兵站，刘昌明和同事们每到一个兵站都会待上四五天，并以兵站为基地，在周围开展相关的调查工作。行进的路线依次经过的兵站有纳赤台、不冻泉、五道梁、沱沱河、雁石坪、温泉站，翻过唐古拉山口，再途经那曲、当雄，最后达到拉萨。一路上需要进行大量野外调查和开展各种野外实验收集所需水文资料，进行小流域桥涵径流计算，最后根据计算结果绘制出通路图，指导沿线涵洞桥和旱桥的修建。

1975年初夏，开着带篷的"212"吉普车，带着各种设备和仪器，刘昌明和同事们开启了从格尔木到拉萨的漫长勘察之旅。临行时，同事为刘昌明一行人送行。离开营地驶出城区，能看到的只有漫天飞沙走石，偶尔能看见一抹绿，那是从石头缝里奋力钻出来的芨芨草。

车行驶一段时间后，开始爬昆仑山，车轮卷起的灰尘模糊了前行的视线，山路又窄又颠，路况很差。一方面，一旦遇到对面来车，由于路面太窄，错车很不方便；另一方面，由于地面凹凸不平，汽车异常颠簸，坐在车里的人也随汽车摆动的节奏东倒西歪。

就这样熬了三四个小时，抵达了勘察的第一站纳赤台兵站。2019年9月5日，本书作者刘苏峡专程前往纳赤台踏寻当年刘昌明等老前辈工作过的足迹时，该兵站已被改建成纳赤台水文站。当年，纳赤台说是一个兵站，其实就是一排靠山坡的房子，设施条件十分简陋。纳赤台兵站附近有一口昆仑泉，它是昆仑山下的一口承压水泉，泉水咕噜咕噜往上翻涌，蹦

---

① 梁季阳，"我心在高原"回忆文章，科学网 https://blog.sciencenet.cn/blog-976422-715393.html.

图 8-1 2019 年 9 月的纳赤台水文站（刘苏峡供图）

起来水头足足有半米高。该泉水质良好，口感清冽冰凉，还带有丝丝甜味。纳赤台海拔不算高，在这儿开展工作总体上人还算舒服。

完成纳赤台兵站周围的勘察任务后，刘昌明和同事们在纳赤台兵站和"不冻泉"兵站之间的西大滩开展了一些野外调查工作，完成西大滩工作后刘昌明和同事们前往"不冻泉"兵站驻地。

"不冻泉"兵站之后的兵站叫"五道梁"。民兵中流传着"'不冻泉'得了病，五道梁送了命"的说

图 8-2 1975 年，考察小组人员在昆仑山南麓西大滩观察地形地貌、沟道形态、洪水痕迹工作的现场（刘彩堂供图）

第八章 青藏铁路踏勘

法，反映出这两个地方的自然条件极其恶劣。在"不冻泉"兵站，由于海拔高，刘昌明和同事们都开始出现头晕、乏力等高原反应的不适症状。即便是7月，当地气温依然非常低，穿着军大衣都没有一丝暖意，偶尔还会有零星的雪花飘落。在"不冻泉"兵站，刘昌明他们和站里的士兵们一起吃饭。等到吃饭的时候把锅打开一看，米饭是夹生的，很大的白面馒头一捏就变成了小面团儿，也是夹生的。由于"不冻泉"兵站的海拔很高，气压很低，水在60~70度的时候就沸腾了，根本不可能把米饭和馒头煮熟。在这样的条件下，大家只能直面困难，虽然吃不下去，但还得尽力多吃，因为他们明白要在高原上奋战近一个月，必须保证有充沛的体力。然而，吃这些半生不熟的食物其实也是对胃的考验，很多在高原工作过的人大多都因此落下了胃病。

在不冻泉的第一个晚上，大家都没有睡好。一位来自四川的同事老胡反应最严重，他几乎彻夜未眠，一直伴随着头痛气促的症状，吸了一些氧气后才略有好转。第二天外出，大家就劝老胡在兵站休息，傍晚大家回到兵站后发现老胡躺在大通铺上气色很差，高原反应仍然十分严重。组里几位领导商量后建议老胡回格尔木。老胡走后，大家对于高山反应更是提高警惕，注意逐步适应，以免引起过激反应。幸运的是，几天后大家的不适感慢慢减轻了。工作中需要使用经纬仪，由于经纬仪十分沉重大家轮流背着；水准仪比较小、轻，就固定一个人携带。青藏高原属于资料空白地区，因此更需要重视实地观察相关的地形地貌、沟道形态、洪水痕迹，必要的时候做一些简易测绘。

离开"不冻泉"兵站到了五道梁，这里的气候也十分寒冷，就连汽车也显得有心无力。刘昌明他们后来才知道，单辆汽车离开公路深入荒原是很危险的，万一汽车抛锚了，依靠两条腿很难保证能够走回公路找到救援。

五道梁兵站之后，刘昌明和同事们继续赶往了下一站——沱沱河兵站。离沱沱河兵站不远处便是沱沱河。沱沱河水面宽广，在阳光的映衬下，水里的蓝天白云在潺潺水流中微微荡漾，再配上远处雪山冰峰脚下的稀疏草地，让人心神为之一振。河边，一只小野鸭子漫无目的地与河水嬉戏打闹，这是刘昌明和同事们上高原后见到的唯一的野生动物。沱沱河除了兵站外，还有一个水文站，这个水文站是6000多千米长江的第一个水文站。刘昌明他们的任务是观测降水、河流水位、流量和其他气象水文要素。水文站上仅有3位工作人员。由于工作条件和生活环境比较恶劣，工作人员按规定是两年一换的，但实际上经常因为找不到替换的人选，很多人干满了两年还下不了

图8-3　1975年，考察小组人员在沱沱河皮筏上测水深场面（刘彩堂供图）

山，继续坚守在岗位上。刘昌明和同事们拜访了水文站，与站里的工作人员交谈甚欢。在水文站工作人员的建议下，刘昌明和同事们借用水文站的高压锅下了几斤面条，再到野地里采来一些野葱，还开了两个罐头一起加进高压锅，盖上锅盖不一会儿，热气腾腾、香气四漫。这一顿"面条宴"，是刘昌明和同事们进入高原以来吃得最饱的一次。

离开沱沱河之后，刘昌明和同事们一路向南到达了雁石坪兵站。由于之前刘昌明和同事们已经在雁石坪开展过调查工作，这一次就没有在此停留。事实上雁石坪兵站是勘察路线上最为难熬的站点之一。在刘昌明第一次到雁石坪开展调查工作时，当天晚上由于缺氧根本睡不着。晚上起床上厕所，由于空气中的氧气含量实在太低，点了十几根火柴都没能点燃蜡烛，最后就只能摸黑去。由于缺氧呼吸困难，刘昌明就只能整夜坐着，根本睡不着。过了好几天才习惯过来，高原反应程度才有所下降。

雁石坪的下一站是温泉站。从纳赤台一路向南，到唐古拉山，海拔是逐步抬升的。以唐古拉为界，其北为阴坡，环境极其恶劣，在这之前刘昌明和同事们通常有一个月都不能洗澡。一方面，兵站一般不提供洗澡热水，汽车兵一般只能跑完一个行程，到格尔木或者拉萨再洗澡；另一方面，即使有热水他们也不敢洗澡，因为在高原上气温比较低，洗澡容易感

第八章　青藏铁路踏勘　　73

冒，万一感冒了很容易转为肺水肿，极其凶险，高原上没有医疗条件，就算用专车立即送下山去，也很有可能丧命！所以到了温泉站，刘昌明和同事们刚安顿好就迫不及待赶到离站点 10 千米远的温泉洗个澡。一个方方正正的温泉池，周围用简简单单的石头砌成边，水面上的空气氤氲着腾腾热气。洗完澡回到兵站，他们还意犹未尽，没想到站里的指导员告诉他们温泉里的水有放射性，把刘昌明他们都听愣了，不过指导员安慰他们不要再去洗就没事了。虽然在温泉站洗了温泉，但这一站的环境仍是很恶劣，比起五道梁不见轻松，很多人依然呼吸困难、浑身无力。坚持把这一工作点的任务完成后，刘昌明和同事们就继续往南行进了。

往南向唐古拉山口行进，大约 100 千米的路程花了大概三个小时。在唐古拉山口的垭口处立着一座石碑，上面写着"唐古拉山口，5220 米"，这便是青海和西藏的交界处，往南就是西藏了。

翻过唐古拉山口就是唐古拉山的阳面了，久违的阳光映衬着绿色的草甸让人心情舒畅，呼吸也畅快多了。翻过唐古拉山后，刘昌明和同事们的野外任务就很少了。沿途经过多安、那曲和当雄等地，在高原上奋战一个月后，刘昌明和同事们抵达了终点站拉萨。在拉萨休息了几天后，刘昌明和同事们又去了林芝收集了一些资料，最后回到了格尔木。

科学的春天

大家都知道高原工作的艰苦和危险，刘昌明和同事们的归队受到了英雄般的欢迎。然而，任务并没有结束。完成青藏高原的野外工作后，刘昌明和同事们还要进行室内的工作。

相对于去青藏高原实地勘察的野外工作，整理资料并进行相关计算的工作属于内业。内业事实上也是一件辛苦并且耗时的工作。刘昌明和同事们需要整理野外带回的大量资料，进行有关计算方法的改进和有关图表整编的规范方法的制定，一直要忙到年底才能回家。

1976年年底，刘昌明从西北回到北京的办公地。受唐山大地震影响，研究所办公场所遭到波及。但是刘昌明和同事仍然抓紧汇总调查的材料，并进行深入研究，他们首次采用了计算机（最早的晶体管计算机）计算洪峰流量，得到了铁道部第一设计院的肯定。刘昌明在京的工作不分昼夜，晚上经常加班到深夜，甚至周末也不休息。在研究小组内，刘昌明还常常对研究成果进行耐心讲解和介绍。1976年，他在参加全铁路系统的第三次小径流会议上，深入介绍了科研队的工作情况。

在刘昌明全面负责的工作之中，由于他合理的统筹安排，保证了在较短的时间内完成任务。在1976年总结工作时，中国科学院地理研究所特别指出，刘昌明在"工作中表现比较突出"，得到大家的"一致好评"。当时在中国水利电力科学院任总工的陈家琦[①]说诺模图方法很有趣。1976年12月14日，铁道部基于刘昌明对铁路建设事业的杰出贡献，特表彰刘昌明的杰出事迹。1978年，科学的春天来临，刘昌明主持的"小流域暴雨径流分析与计算——西北、东北、华北地区"的研究成果荣获1978年全国科学大会重大贡献者奖状。刘昌明主笔撰写的著作《小流域暴雨洪峰流量计算》出版[②]，文章《黄土高原森林对年径流影响的初

图8-4 刘昌明1978年获得的全国科学大会重大贡献奖状

---

① 陈家琦（1924—2012），曾任水利电力部水文局局长、中国水利水电科学研究院咨询委员、水利部技术委员会委员、水资源办公室咨询；广州中山大学地学院兼职教授、武汉水利电力大学兼职教授、北京气象学院兼职教授；中国水利学会理事及名誉理事、国际水文科学协会（IAHS）副主席、中国自然资源研究会副理事长、全球变化中国国家委员会常务理事。

② 刘昌明，《小流域暴雨洪峰流量计算》，北京：科学出版社，1978，第122页。

第八章　青藏铁路踏勘

步分析》[1]发表。

  由于刘昌明常年在外地工作，他的大儿子出生后，刘昌明的母亲便从湖南老家来到北京帮忙带孩子。1979年，刘昌明的二儿子出生。由于刘昌明母亲年高体弱，关威不能同时带两个孩子，便将二儿子寄养到了遥感所一名职工家中。当时遥感所的位置偏僻，四周大多都是农田。有一次关威从干校回来去看儿子，发现儿子独自坐在土堆上玩耍，手上、脸上都脏兮兮的。儿子看到眼前的妈妈，并没有想象中久别后相见奔跑着扑向妈妈的怀抱，而是坐在土堆上神情木然地看着妈妈。此情此景让关威心里感到酸楚，她泪眼盈盈地走过去抱起儿子，一动不动地站在那里。寄养职工的爱人听说孩子家长来了，放下手中的农活，从地里赶了回来，没洗手便给孩子喂奶。关威回忆道，生活在那个环境，虽说看着儿子瘦小了一些，但也倒没什么病。

  1979年，刘昌明以"青海省大中河和小流域暴雨径流计算"工作获得了青海省科委"科技成果"奖（负责人之一）；1980年，"径流形成的实验研究"工作获得中国科学院科技进步奖三等奖（主要负责人之一）；1982年，"小流域暴雨径流计算"工作获得国家科委自然科学奖四等奖（负责人）。这些奖项均与青藏铁路开展的工作有关。

  通过在青藏高原长达六年的野外实践工作，刘昌明地理水文"三观"思想中的"成因过程观"得到了进一步的升华，对水文径流成因过程有了更全面、更深刻的认识。

---

[1] 刘昌明，钟骏襄. 黄土高原森林对年径流影响的初步分析.《地理学报》，1978（2），112–127.

第九章
研究南水北调工程对自然环境的影响

筹备石家庄环评会议

黄淮海流域作为我国的政治文化经济重地，水资源短缺问题突出，人均水资源量仅为全国平均水平的1/5。最重要的两个城市——北京和天津人均水资源量甚至不足全国平均水平的1/7。几十年里，经济用水的增加导致过度利用地表水、大量超采地下水和挤占生态用水，出现包括地面下沉、海水入侵、生态恶化等环境问题以及黄淮海流域严峻的水污染问题。

相较于地处北方的黄淮海流域，地处南方的长江流域水资源总量丰富很多。长江及其以南流域的径流量占全国的80%以上，耕地面积却不到全国的40%。黄淮海流域和西北内陆地区的面积占全国的50%、耕地占45%、人口占36%，而水资源总量却只有全国的12%。通常情况下，长江流域地区在满足经济社会发展所需水资源量后，其水资源量常常还有余量。

20世纪50年代初，水利部门对长江上游（西线）、中游（中线）和下游（东线）引水北调做了一些研究。毛泽东主席1952年视察黄河时说"南方水多，北方水少，如有可能，借点水来也是可以的"，南水北调构想正式被提出。

1958年8月，中共中央政治局扩大会议正式通过《关于水利工作的指示》，明确指出："除了各地区进行的规划工作外，全国范围的较长远的水利规划，首先是以南水（主要指长江水系）北调为主要目的，即将江、淮、河、汉、海各流域联系为统一的水利系统规划。"这是"南水北调"一词第一次在中央文件中出现。

在这之后的三年时间里，中央共召开了四次关于南水北调的全国性会议。其中，在1959年2月召开的"西部地区南水北调考察研究工作会议"中，确定的南水北调指导方针是"蓄调兼施，综合利用，统筹兼顾，南北两利，以有济无，以多补少，使水尽其用，地尽其利"。该指导方针传达的主要内容有三点：首先，南水北调是一个集调水和蓄水于一身的综合性水利工程；其次，项目双方也就是南北两方都将通过南水北调工程受益；最后，通过南水北调工程提高水资源利用效率和实现土地产能效益的最大化。

在该会议结束后，1959—1961年，中国科学院组织科研人员和工程技术人员对长江上游调水路线进行了野外实地考察，考察后专家们一致认为：西线调水所经过的地区地形极其复杂，调水路线太长，工程难度较大，要经过许多高山峻岭，本世纪内难以解决。在之后较长的一段时间里，由于"文化大革命"和其他一系列原因，南水北调工程被搁置。

1972年，华北地区遭遇大旱，周恩来总理再次强调南水北调工程应尽快落实。自此，南水北调工程再次被提上日程。

1976年，当时的水利电力部提出《南水北调东线近期规划报告》上报给国务院。1978年，在五届全国人大一次会议通过的《政府工作报告》中正式提到"兴建把长江水引到黄河以北的南水北调工程"。同年7月，中国科学院也全面融入这一国家层面的重要工作。启动了"南水北调及其对自然环境影响"的国家重大攻关项目，主要由自然资源综合考察委员会和中国科学院地理所两个单位负责。其中，中国科学院地理所的项目负责人是左大康，刘昌明是该项目中水文水资源方向的负责人。

1978年6月28日，刘昌明给全国的专家写信，邀请他们到石家庄参加"南水北调及其对自然环境影响"的学术会议。特别邀请的专家包括当时水利部南京水文水资源研究所的华士乾、中国科学院南京土壤研究所的熊毅、中国农业科学院农田灌溉研究所的粟令嵩、中国水科院的谢家泽以及中国科学院大气物理研究所的叶笃正等。

会上各位专家集思广益，为后面开展工作奠定了基础。会后中国科学院组织了院内外有关单位，开设了若干子课题研究。这些课题包括南水北调地区的水量平衡、水资源的综合评价与供需平衡和水量调蓄的研究、灌区土壤次生盐渍化的防治、调水对灌区及其邻近地区气候的影响、调水对水文地质条件的影响、下游调水对长江河口海岸的影响、对调水沿线的湖泊水域环境和水生生物生态的影响。此外，还有对水质评价与演化、调水后的土地合理利用、农作物布局和农业增产效益等。刘昌明负责的课题为南水北调地区的水量平衡。

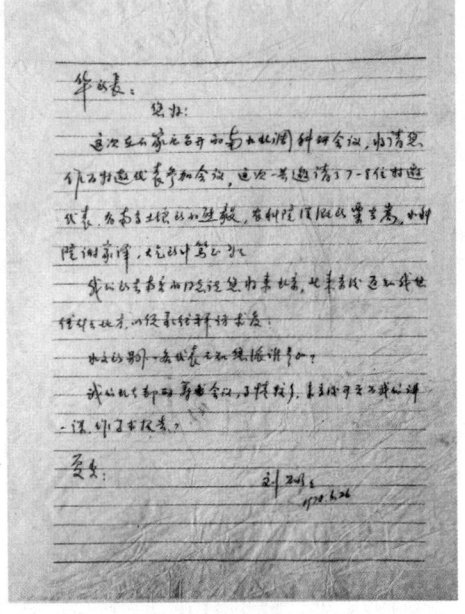

图 9-1　刘昌明 1978 年 6 月 28 日给时任南京水文水资源研究所副所长兼总工华士乾的信（图片来源：北京海淀档案馆）

1977 年 9 月 27 日—10 月 31 日，刘昌明在北京参加全国 6 大基础学科（数学、物理学、化学、天文学、地理学和生物学）及有关新兴学科的发展规划会议，在地理学规划中建议了"南水北调对自然环境的影响"研究。

在此后的 20 多年里，南水北调工程相关论证、规划等一系列工作开始紧锣密鼓地展开。1979 年 3 月，中国水利学会在天津主持召开了"南水北调工程规划学术讨论会"；同年 12 月，水利部正式成立南水北调规划办公室，统筹领导协调全国的南水北调工作。

1991 年 4 月，七届全国人大四次会议将南水北调列入"八五"计划和十年规划。1992 年 10 月，中国共产党第十四次全国代表大会把南水北调工程列入中国跨世纪的骨干工程之一。1995 年 12 月，南水北调工程开始全面论证。2000年6月5日，南水北调工程规划有序展开。经过数十年的研究，南水北调工程总体格局定为西、中、东三条线路，分别从长江流域上、中、下游调水。2002年10月10日，中共中央政治局常务委员会会议审议并通过了经国务院同意的《南水北调工程总体规划》，2002年12月23日，国务院正式批复。至此，南水北调工程正式进入建设阶段。

2013年11月15日，南水北调东线一期工程正式通水运行。2014年12月12日，南水北调中线一期工程也正式宣布通水运行。

合作主编《远距离调水》

1978年，以时任中国科学院地理所所长黄秉维院士为团长、有十位成员参加的中国地理科学代表团应邀对美国二十多个大学进行了为期六个星期的访问。这是20世纪下半叶中美地理科学家的第一次学术交流，由于此次交流活动是在中美恢复外交关系之前，因此也被称为"中美地理学术交流的破冰之旅"。刘昌明有幸被选为代表团的成员之一。在这次访问之旅中，中国代表团与时任联合国大学副校长兼国际地理联合会秘书长和弗赖堡大学地学院院长曼斯哈德（Walther Manshard）教授商谈了跨流域调水研究的国际协作问题，并深入交换了意见，为后续联合国大学派团来华访问并讨论有关南水北调工程环评问题埋下了契机。

1980年10—11月，联合国大学组织来自美国、日本、德

图9-2 《远距离调水》封面

国、埃及、加拿大等国的9位专家，在比斯瓦斯（Biswas）博士的带领下来到中国，开展了与联合国的国际合作，同中国专家一起，进行了南水北调中线和东线地区的实地考察，并在北京举办了学术交流讨论会。这次会议各方代表重点讨论了南水北调的必要性和调水对自然环境的影响，会议结束后，刘昌明、左大康和联合国派来的专家开始合作主编中、英文版的《远距离调水——中国南水北调和国际调水经验》，该书于1983年正式出版。书中收录了国内外专家针对本次会议不同研讨方向的一系列论文，凝聚了国内外水文水资源领域重要专家学者的智慧，对后续南水北调对水文水资源方面影响的论证评估具有重要指导意义。该书不仅是这次会议的重要智慧"结晶"，也是世界第一部关于中国水利工程的中外联合评估的著作。该书合作者之一 James E. Nickum 教授与刘昌明于2018年10月20日在西安相聚。2023年9月，James E. Nickum 教授向在

图 9-3 《远距离调水》中、英文版合作者之一 James E. Nickum 教授与刘昌明在西安相聚（刘苏峡供图）

图 9-4 1980年的刘昌明（图片来源：James E. Nickum 教授捐赠的照片，刘苏峡翻拍）

第九章 研究南水北调工程对自然环境的影响

北京召开的世界水大会捐赠并展览了他收藏多年的照片，展示他在中国参加的调水地区实地考察的经历，其中一张就是刘昌明在考察途中的留影。

"一分为二"的环评思想

唯物辩证法认为"一分为二"是指一切事物、现象和过程都可以分成两个相对独立和相对统一的部分。要正确把握事物全局，需要"一分为二"的哲学观，既要看到双方的矛盾和排斥，也要看到双方的联系与统一。"一分为二"也是刘昌明在科学研究中尊奉的哲学思想，践行该哲学思想的工作就是他参与的"南水北调"工程的环境影响评价。

刘昌明明晰任何事物都是一分为二的，有好的一面，也有坏的一面，南水北调工程也不例外。虽然南水北调工程对北方地区缺水问题大有裨益，但因工程建设而产生的一些负面影响也难以规避。当时刘昌明召集全国各地专家前来讨论南水北调工程对自然环境的影响评价，邀请的专家的研究方向各不相同，所以讨论问题涉及的方面较广泛。通过专家们集思广益，摸清南水北调工程的建设对自然环境会产生哪些影响，再研究对策措施。

刘昌明在其参与主编的关于远距离调水的书中，撰写了"南水北调对自然环境影响的初步分析"。1983年9月该文发表在《地理研究》杂志。刘昌明等分析事物的"一分为二"思想在南水北调工程上概括为"三步走"①②③。

第一步，刘昌明等强调了事物"一分为二"属性的普遍性，认为南水北调工程也不例外。"事物总是一分为二的。利用水工建筑来改变水的地

---

① Biswas AK, Zuo DK, Nickum J, et al., Long-distance water transfer: A Chinese case study and international experiences, Tycooly International Publishing Limited, 北京：科学出版社，1983。

② 左大康，刘昌明，许越先. 南水北调对自然环境影响的初步研究.《地理研究》，1982（1）：31-39.

③ 左大康，刘昌明 许越先. 南水北调对自然环境影响的研究进展.《世界科学》，1987（5）：59.

域分布，其目的是满足人们的生活和社会生产对水的需要，以促进生产的发展，无疑会带来许多有利的影响，但是不可避免地也会对自然环境和社会生产带来一些不利的影响，尤其是大规模的跨流域调水更是如此"。他建立了调水→改变原有的水文情势→自然环境的变化→社会经济的变化的模型框架。该模型表达了因调水产生的对自然环境和社会经济的影响，归根到底都是因调水而导致的水文情势的变化，水文情势的变化是贯穿始终的各种变化的影响因子。这足以可见研究水文水资源的重要性。

第二步，在明确南水北调工程具有"一分为二"的利弊两重性后，分析出南水北调工程究竟"利"在哪里，"弊"又在哪里。刘昌明认为任何调水工程对环境的影响，均可按地理分区方法分为水量输出区、输水通过区和水量输入区，这也是刘昌明地理水文学"三观"思想中"区域性"思想在南水北调工程中的实践。他认为南水北调对水量输出区的影响主要在枯水期，发生在输水点附近及其下游；输水通过区主要是输水渠两侧和蓄水体周围环境受到影响；作为水量输入区的黄淮海平原，一方面，在一定程度上会引起黄淮海平原生态系统的变化；另一方面，可能将输出区盛行的血吸虫带到黄淮海平原，进而影响黄淮海平原居民的健康，这也是当时社会反对南水北调工程的重要原因之一。在明确好分析思路和方向后，刘昌明以调水影响环境的分析模式为出发点，以"一分为二"思想为立足点，揭示了不同调水过程中不同地理分区发生的各种变化的利弊两面性。分析出南水北调工程"利"和"弊"具体表现的目的，就是为了后续对症下药的工作可以顺利开展。

第三步，在明晰南水北调工程具体"利""弊"后，就要尽量做到扬"利"避"弊"。刘昌明提出了具体的两个扬"利"避"弊"建议。第一，南水北调工程对水量输出区的消极影响可能大于积极影响，而水量输入区收益比较明显，但也要注意土壤次生盐渍化等问题；第二，明确"利"和"弊"的具体表现后，还应知道消极方面与积极方面在区域上具有两重性质，如东线南部湖区大型渔产可能减少，但北部修建的水库又可能发展新的渔业生产，即利用"一分为二"思想来解决南水北调工程产生的"弊"，通过扬"利"避"弊"使得南水北调工程最终效益达到最大化，为制订南水北调工程相应的规划纲要提供参考依据。

《南水北调对自然环境影响的初步分析》作为第一篇完整表达刘昌明"一分为二"思想的文章，不仅展示了刘昌明在研究南水北调对自然环境影响中如何运用"一分为二"思想使错综复杂的问题迎刃而解，也明确了"一分为二"这一哲学理念在解决科学问题方面颇有成效。

1982年，刘昌明发表了关于南水北调工程进一步研究的论文《南水北调水量平衡变化的几点分析》[1]，主要分析了南水北调工程实施后水量平衡中几个重要环节——土壤水、蒸发和地下潜水位的变化以及因此产生的环境后效问题，这也是刘昌明负责的南水北调地区水量平衡课题的重要成果。

文中，刘昌明再次以"一分为二"为立足点，首先分析了因水量变化导致的环境后效问题，也就是"弊"；然后针对这些问题，从水量平衡的角度，提出了能够有效应对这些问题的相关建议，也就是通过"扬利避弊"使不利影响最小化。从水量平衡角度说明南水北调工程会带来一些影响，但可通过一系列措施降低这些影响。

华北平原是我国最大的冲积平原之一，由于城市与工农业生产的快速发展，华北平原的地下水被大量超采，地下水位每年平均下降0.5~1.0米，并导致了一系列的生态、环境问题，诸如干旱缺水、地面下沉、海水入侵等。为了挽救地下水资源和修复生态，刘昌明认为调水实现后可望利用南水北调中线与东线长期向北方输水的效应，实现对地下水的回补，并提出了技术与体制的框架[2]。

南水北调东线工程

在南水北调工程中，东线依托京杭大运河，最早被国务院批准实施。

---

[1] 刘昌明. 南水北调水量平衡变化的几点分析. 《地理科学》，1982（2）：162-169.

[2] 刘昌明. 发挥南水北调的生态效益 修复华北平原地下水. 《南水北调与水利科技》，2003（1）：17-19.

南水北调东线第一期工程，从长江下游江都抽水站抽水，沿大运河北送，经洪泽湖、骆马湖、南四湖至东平湖，输水干线长 646 千米。1990 年工程完成，提供苏北、皖北、鲁西南工农业用水，目标是提高 2100 万亩农田的灌溉保证率，增加旱改水的面积 400 万亩，使水稻种植面积扩大到 1400 万亩，水稻灌溉保证率提高到 90%～95%，旱作物灌溉保证率提高到 75%，增加工矿供水 7.34 亿立方米。此外，还为航运与水产的养殖提供水源。

第一期工程与黄淮海平原的缺水问题有关。黄淮海平原，尤其是北部，即海河平原是否缺水一直有争论。一致性的结论是，从根本看黄淮海平原是缺水的。因为黄淮海平原干湿度指数均在 1 以下，黄河以北地区甚至低于 0.6，足见黄淮海平原缺水的普遍性和严重性。在东线供水范围内，包括江苏、安徽、山东三省的 45 个县市，一般年份缺水约 70 亿立方米。在引水前二十多年间，南四湖上一级湖降到死水位以下的有 9 年，因水量不足严重阻碍了大运河通航、煤炭外运和电力生产，限制了这一带新工业区发展，加剧了苏鲁两省用水矛盾。东线第一期工程的实施，对促进沿线工业生产的发展有重要作用。

东线第一期工程的实施将为江水北调过黄河打下基础。黄河以北的海滦河流域水资源总量为 40 亿立方米，每亩耕地平均分摊水量仅 24 立方米，只相当全国平均数的 1/7，一般年份流域内缺水约 200 亿立方米。这个地区不但严重缺水，而且降水和径流的年内年际变化都很大。因此南水北调东线的重点是以"北调"为主，调水到东平湖的第一期工程，将为江水北调过黄河，在工程上、技术上和管理上做好准备。

在江水未调过黄河以前，引黄仍是解决华北缺水的途径之一。东线一期以前每年由黄河向海河流域引水约 40 亿立方米，主要供河南、山东两省沿黄地区农业用水。由于黄河水量有限，而且涉及泥沙处理等技术问题，增加引黄水量的可能性不大。黄河小浪底水利枢纽，建成后调出水量增加 30 亿立方米，并可用清水冲刷下游河道。为了防止泥沙继续淤积抬高河床导致黄河决口，有专家提出黄河人工改道或兴修"三堤两河"[①]等建

[①] "三堤两河"概指一湖和两条河流和由此形成的三个堤坝的景观，例见于我国江苏省高邮县（今高邮市）。

议，这些措施都会在不同程度上影响或涉及江水北调穿黄工程安排，这就要求南水北调引江穿黄工程要和治黄规划结合起来考虑。因此。引江与治黄需要有一个通盘的考虑。

刘昌明对南水北调东线引江工程的评价思想主要发表在1983年的《南水北调东线"分期实施、先通后畅"》[1]一文中。刘昌明等详细介绍了水利电力部淮河水利委员会制定的第一期东线调水工程方案"江淮并用，南北兼顾，分期实施，先通后畅"的原则中"分期实施、先通后畅"的主要内涵，从而对南水北调东线工程有整体上的认识。从南水北调的环境后效来看，第一期工程属于小型调水，第一期工程1990年完成后，抽江流量为500立方米每秒（江都抽水站已有的抽江能力已达到460立方米每秒），与现有抽江水量相比增加不多，预计对长江下游河道和河口地区的影响可大致维持现状。但是，对于输水渠两侧和用水区域，特别是废黄河（清江）以北地区，可能发生土壤次生盐渍化的问题，仍需谨慎对待。第一期工程在废黄河以北泗阳至宿迁的中运河一段，长约40千米，设计渠水位将高于两岸地面，长期送水有可能引起两侧土壤盐渍化。虽然这一地段不长，但采用有效措施防止两侧地下水位的抬升是十分必要的。

调水工程的成败关键，从环境后效方面讲，防止土壤次生盐渍化始终是决定性的因素之一。刘昌明等认为在引江的同时必须注意因地制宜地充分利用本地水资源，在地下水位较高的地段实行主水客水并用，发展井渠、井灌、井排相结合，是非常重要的方针。

为了用实际资料说明这一问题。刘昌明等引用禹城实验区的资料简析：禹城实验区位于潘庄引黄总干渠（引黄济津三条渠线之一）东侧，距渠首约50千米。这条干渠自1972年引黄，每年引水200~250天，年平均引水量5.5亿~6.0亿立方米，平均流量约50立方米每秒。实验区有耕地14万亩，大约有4万亩耕地是从干渠引水灌溉，其他耕地主要靠1000眼机井抽水灌溉。区内干、支、斗、农、毛五级排水沟已全部配套。据地下水观测孔和土壤定位取样点资料分析，距干渠1千米范围内，引黄前地下

---

[1] 刘昌明，许越先. 南水北调东线"分期实施、先通后畅"简析. 《地理研究》，1983（3）：96-99.

水平均埋深 3.15 米，引黄后最初三年，地下水累计升高 1.10 米，三年以后基本稳定；土壤盐分含量，引黄初期为 0.173%，1974—1980 年，变化在 0.132%~0.180%。距干渠 2 千米范围内，引黄后地下水位只升高 0.4 米，1974 年土壤含盐量为 0.141%，1974 年后最高年份没有超过 0.150%。由此可见，在距干渠 1 千米之内，引水后最初几年地下水位抬升快，因有机井抽水，在以后年份可将地下水位控制在一定深度，从而控制土壤次生盐渍化发展；距干渠 2 千米的地方，影响进一步减轻，2 千米以外基本不受影响。考虑到南水北调第一期工程绝大多数渠道的设计水位都低于地面，次生盐渍化的问题不大。对于个别渠水位高于地面的地段则需谨慎处理，但只要切实应用有关地区行之有效的防治盐碱化的经验和措施，不利后效可大为减轻。

综上所述，刘昌明等认为南水北调东线第一期工程在技术上是可行的。在环境后效方面出现严重的次生盐渍化的可能性不大。对于苏、鲁两省在此地区的用水矛盾也会起缓和作用。南水北调的长远目标是要解决黄河以北的缺水问题，调水的规模将比第一期工程大得多，工程技术与环境后效等问题将比较复杂，"分步分段实施、先通后畅"的做法，为将来大规模调水有关研究腾出了必要的时间。

刘昌明等建议在此期间，应抓紧工程规划、经济效益和环境影响等一系列问题的科学研究，为"江水北送过黄河"的可行性提供可靠的科学论证。

刘昌明与左大康、许越先合作，发表了《黄河以北地区东线引江问题的探讨》，从黄河以北地区的现实情况出发，分析了南水北调东线一期工程完成后，要不要扩大调水规模，把江水调过黄河以后，环境后效如何、引江穿黄与黄河水沙资源利用的关系如何等问题[①]。黄河以北地区必须充分利用当地的水资源，建立统一的管理机构，实行主客水的联合利用，保证环境和经济两方面兼优。在环境后效上，大面积土壤盐渍化可以通过合理用水予以避免。地下水下降漏斗与河口及河道的淤积问题则可望在实现引

---

① 左大康，刘昌明，许越先，等. 黄河以北地区东线引江问题的探讨.《地理研究》，1984（2）：92-98.

江水以后得到改善。在未实现北调江水过黄河以前，引黄仍是解决缺水问题的可用水源，但要注意引黄河水与泥沙问题的制约。

深入评价南水北调东线引水工程，成为刘昌明1981年招收的第二个硕士研究生杜伟的主要研究方向。1985—1986年，他们在《系统分析在东线引江水量平衡中的应用》[1]《考虑环境因素的水资源联合利用最优化分析》[2]两篇论文中，采用系统分析方法进行自然地理综合研究，为南水北调东线工程配水方案的制定与工程管理运营提供了方法论和理论参考。在《南水北调东线水量平衡的地理系统分析——以东线一期工程为例》[3]一文中从水量平衡原理出发，就南水北调东线一期工程的水量分配开展了环境生态最优的地理系统分析。得出的水量分配方案，既考虑了各调水段工农业用水的不同，又保证环境的最优。因为在该方向学习研究工作突出，杜伟于1988年被授予中国科学技术协会青年科技奖。

南水北调中线工程

南水北调中线工程，从长江最大支流汉江中上游横跨湖北和河南两省的丹江口水库调水，在丹江口水库东岸河南省淅川县境内工程渠首开挖干渠，经长江流域与淮河流域的分水岭方城垭口，沿华北平原中西部边缘开挖渠道，通过隧道穿过黄河，沿京广铁路西侧北上，自流到北京市颐和园团城湖。

输水干渠地跨河南、河北、北京、天津4个省、直辖市。受水区域为沿线的南阳、平顶山、许昌、郑州、焦作、新乡、鹤壁、安阳、邯郸、邢台、石家庄、保定、北京、天津等14座大中城市。重点解决河南、河北、

---

[1] 刘昌明，杜伟. 系统分析在东线引江水量平衡中的应用.《地理研究》，1985（3）：81-88.
[2] 刘昌明，杜伟. 考虑环境因素的水资源联合利用最优化分析.《水利学报》，1986（5）：38-44.
[3] 刘昌明，杜伟. 南水北调东线水量平衡的地理系统分析——以东线一期工程为例.《水利学报》，1986（2）：1-12.

北京、天津 4 省市的水资源短缺问题。供水范围总面积 15.5 万平方千米，输水干渠总长 1277 千米，天津输水支线长 155 千米。

2014 年 12 月 12 日下午 14 时 32 分，南水北调中线工程正式通水。截至 2020 年 6 月 3 日，南水北调中线一期工程累计向北输水 300 亿立方米，沿线 6000 万人口受益。

南水北调中线工程初期工程从汉江丹江口水库调水，在 2020 水平年下，多年平均可调水量约 150 亿立方米。汉江流域作为南水北调中线工程的水源地，由于丹江口水库的调水，其中下游地区用水和水环境受到影响，改变汉江中下游的水位流量过程。需要辅助补偿工程，才能在调水到北方地区的同时，保证调出区的工农业发展、航运及环境用水。

为确定丹江口水库调水对汉江中下游的影响，为汉江中下游补偿工程规划提供依据，1996 年刘昌明与其博士研究生沈大军，分析了汉江中下游水位和流量的变化及调水影响程度，认为丹江口水库加高和调水对汉江中下游的影响有利有弊，发现一方面枯水流量将增加，枯水水位将上升，洪水流量和洪水水位将下降，这将改善汉江中下游的航运及防洪条件；另一方面正常水流量和水位将下降，是调水的最不利影响，将严重影响汉江中下游航运效益和灌溉用水。修建合理的补偿工程，汉江中下游发展条件下的用水保证率将提高[①]。

2000 年，刘昌明与其博士研究生郑红星根据年、季和月三种不同时间尺度的华北地区、长江中下游及汉江上游降水序列，研究了南水北调东中两线不同水文区来水的丰枯遭遇性[②]。建议要提高南水北调工程的利用价值，增强工程的可靠性，在规划设计时必须充分考虑工程的调蓄能力，合理配置，科学调控，以改变天然降水的丰枯遭遇特征。

2010 年，刘昌明参与了由李德仁院士负责的中国科学院重大咨询项目"南水北调中线工程核心水源区生态经济可持续发展研究咨询"。发现南水

[①] 沈大军，刘昌明，陈传友. 南水北调中线工程对汉江中下游的影响分析.《地理学报》，1996（5）：426-433.

[②] 郑红星，刘昌明. 南水北调东中两线不同水文区降水丰枯遭遇性分析.《地理学报》，2000（5）：523-532.

北调水量存在一些变化，但总量是可控制的。水量的不确定性缘于丹江口水库汉江上游的来水变化。他们根据2011年对汉江水源区水量情况的调查，发现2000—2010年的十年间水量减少了71.8亿立方米。根据规划，中线一期工程需调水95亿立方米，调水量可能会出现一些紧张的情况。

2020年4月1日，针对国家提出的南水北调新规划的中线调蓄方案，刘昌明向水利部提出了自己的看法。

刘昌明认为就中线而言，突出的优点十分明显，表现在其对受水区的居高临下和全程自流，但是相对东线而言，中线的主要缺点是全线缺乏对调水量可进行调蓄的场所。对南水北调中线第二期工程实施的调蓄方案至少可以说是有扬长避短的积极意义。为了进一步做好中线调蓄工程方案论证，调蓄工程非常必要，呼吁有以下问题需要进一步考虑。

第一，南水北调中线初定的"5+5"方案的调蓄工程：鸭河口、岳成、黄壁庄、王快、西大洋的高程均高于中线干渠，而其沙陀湖-雄安等5座调蓄水库高程则低于中线干渠。如何上下联动调蓄等问题需要详细论证，包括水量、动力（如能量、蓄能等相关水-能源-粮食的研究以及运营、经济分析等）。

第二，调蓄工程不宜仅限于中线停水检修的应急供水的需要，而应使方案能保障受水区各省的需求，包括供水的数量与水质，保护生态与供水安全。

第三，南水北调中线干渠南北走向与其流向西东的所有天然河流（较大的68条）呈正交关系，汛期暴雨会导致危及调水工程的洪水危害，建议加强洪水监测与预报的研究。

第四，南水北调中线调蓄工程应重视水源区的来水／可调水量的变化研究，调蓄工程要与汉江丹江口水源区的水量变化结合分析。进行水源区与受水区的降水量丰-枯遭遇与水量调蓄关系研究。

第五，2011年刘昌明与清华大学王光谦院士向国务院提出汉江水源区来水2000年比多年平均来水大量减少的咨询报告，南水北调"三纵四横"[①]是中国广大腹地可持续发展与保障国家水安全的重大战略工程。必须从长

---

① "三纵四横"：南水北调东、中、西线为"三纵"，长江、淮河、黄河和海河为"四横"。

计议保障其水源，特别是京津冀、千年大计的雄安新区的水安全。研究诸如从水量丰沛的长江三峡水库调水，研究大宁河-堵河-丹江口的调水补源工程，不失为一种理想方案。

南水北调西线工程

南水北调西线工程，指从长江上游支流雅砻江、大渡河等长江水系调水，至黄河上游青、甘、宁、内蒙古、陕、晋等地，为补充黄河上游水资源不足，解决我国西北干旱缺水，促进黄河治理开发。坝址处海拔高程2900~4000米。引水干线采用引水隧洞穿过长江与黄河的分水岭巴颜喀拉山调水入黄河，长距离隧洞输水采用自流方案。

1987年7月，国家计委正式决定将南水北调西线工程列入"七五"超前期工作项目，1988年底完成南水北调西线工程初步研究的报告，1990年底完成南水北调西线工程雅砻江调水线路的规划研究报告，"八五"期间继续完成通天河和大渡河调水线路的规划研究工作，并于1995年完成南水北调西线工程规划研究综合报告。

相对于南水北调的东线和中线工程，南水北调西线工程虽然提出最早，但后续工作相对滞后，至今尚未开工。南水北调西线工程区位于青藏高原东南部，海拔较高，自然环境比较脆弱，认清工程区的自然环境状况，评价调水工程的环境影响显得格外重要。

为配合西线工程可调水量的可行性研究，刘昌明率领团队开展了一系列支持性研究。2001年，王西琴、刘昌明和杨志峰研究了调水对气候、动植物、水质、水库区及周边地质环境、人群健康等的影响[1]，以及水库淹没对社会经济的影响等。主要结论是对库区、坝址临近地区的气温、降水影响均较小，由于库区水汽蒸发量增加对局地降水的贡献小；对干旱河谷区

---

[1] 王西琴,刘昌明,杨志峰. 西线调水工程对水量调出区的环境影响分析.《地理科学进展》, 2001（2）: 153-160.

气候虽有影响，但很微弱；对生物会产生一定影响，主要表现在对鱼类区系组成、种群结构等方面；对陆生生物造成一定数量的减少，但不会造成生物物种资源的减少；坝址下游水质会有所下降，但由于河段所在位置人口密度低，污染较轻，对水质不会有大的影响；淹没损失小，移民少。

2002年，刘昌明与其博士研究生杨胜天，应用遥感与地理信息系统方法，对南水北调西线调水工程区遥感数据、地理信息数据进行信息识别、信息提取，获取了工程区地形地势、土地覆盖、植被覆盖度、植被净初级生产力、年均温度和年降雨量等主要的自然环境因子。用海拔高度反映地势状况，土地覆盖类型反映地表覆盖状况，植被覆盖度反映抗侵蚀能力，植被净生产力反映物质能量的循环状况，年均温度反映热量状况，年降水量反映降水状况，建立综合自然环境指数，对调水工程区的自然生态环境现状进行定量评价。按计算结果将调水工程区分为四级区域，并对这四级区域进行空间统计，分析了它们的自然生态环境。发现一级和二级区具有较好的自然环境条件，集中分布在工程区的东部，约占工程区面积的50%；三级区是自然环境比较敏感的地区，主要分布在调水工程区的西部高原丘陵上；四级区是自然环境比较脆弱、恶劣的区域，主要分布在调水工程区的高寒高山上。一级和二级区的自然环境具有一定的抗干扰能力，在适当的环境保护措施下，可以进行一定规模的工程建设；三级区进行工程建设时，必须特别注意对自然环境的各项保护措施，加大环境保护的投入；四级区不宜进行工程建设[1]。

同年，刘昌明与其博士研究生吴险峰采用Tennant方法估测了南水北调西线工程的可调水量，范围66%～73%[2]。2005年，刘昌明与其博士后门宝辉利用域重标度分析法（R/S分析），对南水北调西线一期工程的鲜水河的达曲、泥曲和大渡河的支流色曲、杜柯河、玛柯河、阿柯河等6条河流径流趋势进行了分析，发现这些径流序列具有反持续性，甘孜和足木足

---

[1] 杨胜天，刘昌明，杨志峰，等. 南水北调西线调水工程区的自然生态环境评价.《地理学报》，2002（1），11–18.

[2] 吴险峰，刘昌明，杨志峰，等. 黄河上游南水北调西线工程可调水量及风险分析.《自然资源学报》，2002（1）：9–15.

站的径流量将会增加；朱巴、绰斯甲两站的径流将会减少，这对南水北调西线工程的实施不利[①]。

2006年，刘昌明与刘苏峡等合作，从湿周-流量曲线临界点的两种不同确定准则入手，分析了湿周法推求河道内最小生态需水量（MEIFR）的不确定性。采用在南水北调西线一期工程实地观测的6条河35个河道断面的实际数据进行验证，进一步说明在无法获得一个确定的斜率临界值的情况下，湿周法估算MEIFR宜采用曲率法确定临界点[②]。

科普调水工程　促进社会和谐

人多水少、水资源时空分布不均、水供求矛盾突出是我国的基本国情水情。兴建必要的引调水工程，是优化水资源配置战略格局、缓解资源性缺水问题、促进水资源与经济社会可持续发展、实现"空间均衡"的有效途径和必要措施。一方面，我国水资源宏观配置仍滞后于经济社会发展布局；另一方面，一些地方"无序调水""跑马圈水"现象突出，一旦处理不好将会对国家重大战略实施和生态文明建设造成严重影响，甚至进一步加剧生态环境破坏。同时，调水工程在带来巨大效益的同时也会造成负面影响。因此，如何实现"科学调水"是水利发展面临的一项十分重大而紧迫的任务。

2003年，刘昌明撰文发表在《科学对社会的影响》[③]杂志上，指出从水量序列分析角度看，四水系（江、淮、河、海）水量组成为一个整体序列有最高的水量稳定性。在工程实施后，加强水量统一管理调度，可达到区

[①] 门宝辉，刘昌明，夏军，等. R/S分析法在南水北调西线一期工程调水河流径流趋势预测中的应用.《冰川冻土》，2005（4）：568-573.

[②] 刘苏峡，莫兴国，夏军，等. 用斜率和曲率湿周法推求河道最小生态需水量的比较.《地理学报》，2006（3）：273-281.

[③] 刘昌明，南水北调在节水的基础上实施缓解北方水危机.《科学对社会的影响》，2003（3）：26-31.

域水资源优化配置的效果。南水北调东线、中线和西线的生态环境效益的潜力有可能在工程后进一步发挥。通过调水的管理调度，趋利避害，使生态、环境得到改善。另外，南水北调与节水措施相辅相成，可望发挥调水与引水的最大经济社会效益。

南水北调的可调水量需要经过前期论证，在保障南方需求的前提下进行调水。南方水资源经过论证存在盈余，可外调水需通过专家的评审和国家的批准才会调入北方。即使是通过了无数论证的调水行动，也牵发每一位公民的心。一直以来，社会对南水北调工程的争议从未间断过，甚至有舆论称调水是不合理的，是反自然的，认为这不科学且劳民伤财。

在2014年6月18日，正值南水北调中线工程汛期后正式通水前，正在进行试通水实验阶段，公众担心南水北调中线工程竣工后是否仍然有充足的水量可调。刘昌明接受了中国经济网"丹水北流3000里——南水北调中线工程大型报道活动"专访[1]。他首先对媒体表达了调水是正常的基本思想，他认为，"自然的禀赋给予我们的水源条件，我们应该采取和谐的态度，并非一定要改变自然。科学利用南水北调，可以解决水资源空间上分布不均的问题"。

刘昌明在采访中表示，没有哪些城市可以单独依靠身边河湖、地下水来解决用水问题，一直都有调水的情况存在，例如北京多次经历降雨偏少、水资源紧缺的问题，首都水资源规划协调小组就组织实施山西、河北两省向北京市集中输水。2003—2010年，山西、河北两省就曾8次向北京市集中输水。因此，在面对城市降雨偏少、水资源紧缺时，调水是正常情况。

刘昌明对媒体表达的第二个思想是南水北调工程是一种解决水资源问题的手段，是我国解决缺水问题、解决中国水资源空间分布不均的途径。缺水常规分为三类，第一类是资源性缺水，第二类是工程和设施性缺水，第三类是水质性缺水，或称由污染引起的缺水。这三种缺水都跟人有关系。自然禀赋给予我们南方水多北方水少的水源条件，我们不可能改变自然。我们可以采用调水这个手段，采取和谐的态度，实现水的合理利用。

---

[1] "刘昌明谈南水北调：调水是正常事　没那么可怕"，中国经济网，2014年4月18日。

针对舆论中质疑的"外地调水模式解决城市缺水具有严重隐患",甚至有官员说"南水北调隐患比三峡更可怕"。刘昌明认为,应该从利与弊两方面去看,如果利大于弊,就需要做。事物都是一分为二,没有十全十美的事,好事也有它不好的一面,所以南水北调肯定有一些这样那样的影响,比如说造价、移民占地、对生态的干扰等。经过科学的比较,它作为一种解决水资源问题的手段,利大于弊,所以还是需要做。

此外刘昌明对媒体也强调,要充分注意到调水不利的这一面。这有利于科学对待调水工程,并帮助继续克服工程中的难题。一分为二是事物的一般规律,所以任何一个解决水资源问题的方案不可能全是正确方案,没有副作用。恰恰不同的声音更能发扬民主,更能使我们深入认识不利的影响,对调水更有帮助。南水北调虽有缺点,对生态环境有影响,但已做过一些相关的评价,而且工程实施以后还有后评估,还可以弥补对环境和生态不好的影响。

刘昌明被问及"为什么南水北调工程集中向华北地区",他解释说中国最缺水地区是华北地区,因为人均水量只有全国的七分之一,而且人口、政治、经济、文化都很发达。西北地区当然也缺水,但是毕竟人口少、经济总量也小,调水主要是为解决缺水问题,因为缺水对农业、工业、城市生活等发展都有非常大的影响。

谈到未来愿景,刘昌明提到,南水北调是一个科学的战略布局,是供水的一种方式和方法,所以调水并不是无止境的。估计大致在2030—2050年,中国需水增长跟人口的增长同步进入零增长,而且有可能水的需求还会出现负增长。南水北调总体的布局如果能形成一个系统网络供水,这基本上就可以解决中国的缺水问题。

2014年12月27日,南水北调中线工程正式通水。《经济日报》记者就南水北调中线水量够不够、水质好不好、水价贵不贵等公众关心的热点问题,采访了刘昌明[①]。

刘昌明说:"南水北调的水量可以解决供水范围之内城市的缺水问题,

---

① 黄俊毅,"节约每滴水",《经济日报》,2014年12月27日。

但是对于南水北调供水外一些城市的缺水问题就无能为力了。"虽然南水北调的设计部门、规划部门事先都进行了详细的研究，但是人类活动和气候变化还在延续，未来的调水量还是存在很大风险。南水北调中线可调水量存在一定的不确定性，因为丹江口水库汉江上游来水有很大的变化。如本书前面提到据刘昌明等调查，汉江水源区来水量在2000—2010年这10年间，比历史上平均来水量少了71.8亿立方米。按当初设计，中线一期工程要调水95亿立方米。这样一来，原来按平均值设计的95亿立方米调水量可能会出现一些紧张的情况。

不过刘昌明认为，调水总量是可以控制的，可以分析汉江上游水量减少的原因，提出一些管理、调控的办法；另外，近年来，华北地区降水量在相应增加，需水量会下降一些，可以在一定程度上减轻调水压力。他同时呼吁，对汉江水量的变化原因要作为非常重要的科研问题立项研究，弄清其变化趋势。

当媒体问"现在受水区河南、河北、北京、天津沿线20多个城市的居民最关心来水水质是否安全"的问题时，刘昌明回答，南水北调中线水质非常安全。原因有三：一是中线调水线路主要在山区，水质都是一类和二类，比较理想；二是中线水是从高海拔向低海拔直流，没有泵站提水的二次污染，而且渠道高于地面，流经地的污水进不了调水渠道；三是中线输水线路全长1432千米，其中明渠段1196千米，暗涵236千米，明渠全部与周边水系立交，不与地表水发生水体交换，两侧地表水对总干渠水质不会造成污染。

另外，受水区居民最关心如果按调水成本收费，南水价格是否太高，是否会增加用水成本。据各项成本测算，每立方米南水到北京后，单价应为6元。目前，北京居民用水包括排污费在内，每立方米为4元[1]。刘昌明

---

[1] 针对作为当地水资源严重匮乏的特大城市的北京，北京市于2014年5月正式将居民水价第一阶梯每立方米由4元上调至5元，其中水费为2.07元，水资源费为1.57元，污水处理费为1.36元。此次提价与南水北调并不相关，但上调有利于南水北调水价与本地水价的衔接。

表示，南水到北京后单价多少，目前还没有最后定①。实际上，水价是一个杠杆，水价太低，往往引起用水浪费，水价高就会促进节约用水。另外，水价偏低，用户过度用水，排放的污水也多。因此，从环保的角度看，节水是一箭双雕。刘昌明认为，我国在节水上已经取得很大的进步，全社会都应节水。要拧紧家里的水龙头，要改变大田漫灌的农业用水方式，要将千里迢迢调来的水用好、管好，珍惜每一滴水。

刘昌明与国土资源部张宗祜院士[②]，于2005年共同承担的河北省科技厅重大项目："河北平原典型区农业节水与地下水可持续利用"结果显示了节水100毫米，产粮1000千克的可能性。如果结合南水北调供水缓和城市工业用水间已有的矛盾，充分利用城市工矿废水处理回收，开展地下水人工回灌以丰补歉，联合利用地表水与地下水统一调度主水与客水，华北地区濒于枯竭的地下水危机有望最终得到缓解。

2020年，水利部就水资源管理提出了"全面节水、合理分水、管住用水、科学调水"四方面内容，并明确指示调水管理司要围绕"科学调水"梳理问题、分析原因、提出针对性措施。水利部水规总院就此专门邀请刘昌明就对"科学调水"的认识，当前水资源宏观配置和调水工程规划、建设、运行等方面存在的问题，以及如何实现"科学调水"等方面提出意见建议。

刘昌明回复指出，"全面节水、合理分水、管住用水、科学调水"方针，概括了中华人民共和国成立以来的实践经验，对国家水资源开发利用具有系统性的战略意义，其内涵体现了以水资源可持续开发利用支撑国家经济社会的可持续发展。

由于调水问题复杂，包涵众多的自然-人-水关系，涉及经济社会战略和生态环境的保护，刘昌明强调了四点如何实现"科学调水"的问题。

首先，要把握一分为二的哲学观。"科学调水"是针对和缓解国家或

---

① 国家发展改革委于2014年12月26日发通知（发改价格〔2014〕2959号），南水北调中线水源工程综合水价为每立方米0.13元（含税，下同），工程运行初期在北京市的口门综合水价为每立方米2.33元。

② 张宗祜（1926—2014），中国科学院学部委员、中国工程院院士，中国地质科学院水文地质环境地质研究所研究员、名誉所长。

地区天然流域水资源的时空分配不均的一种科技工程措施。对于方案的研究来说，要确定调水的必要性。按照流（区）域天然水资源承载力与经济社会发展需水量规模之间的系统关系及其因素的相关制约与效应，研究调水的必要性。

其次，要加强对调水科技研究的若干基础理论问题的认识。譬如关系到生态环境的治水问题，可归纳为四大平衡，即水-热（能）平衡、水-盐平衡、水-沙平衡、流（区）域水量平衡/供需平衡。其理论与应用意义涵盖尊重自然地带的规律；考虑水分与盐分平衡，防治盐分积累；维持水量与沙量平衡，防治淤积河道与水土流失；实现包括流（区）域供需平衡。

第三，要严把调水的科学性。调水的科学规划问题，对准国家经济社会发展的长期目标与生态环境保护迫切需求，进行全面深入的查勘，采用现代信息技术，系统研究水资源的供需平衡，包括调水的调出（水源）区、受水区、输水区等三个区的研究。确定各区的取水性质，要排除非资源性缺水的地区的调水考虑。各种调水方案选比要在决策科学理论的指导下确定调水路线与规模。

第四，考虑调水对生态环境的影响，要做整体评价，并在其基础上进行调水的调出（水源）区、受水区、输水区等三区的分区评价，特别是长距离的调水自然条件与经济社会状况一定会有很大的地理差异性。

从南水北调东中西线的格局看，其"三纵四横"的布局，形成了我国半壁江山的供水系统，工程效益有巨大的潜力。刘昌明认为"三纵四横"的布局就是调水的科学决策。

南水北调工程各条调水路线经历了漫漫论证之路。刘昌明和他的同事们，长期关注与参与国务院南水北调办公室（国调办）、水利部一系列有关南水北调研讨、学习、思考、研究调水的理论与实际问题。孜孜不倦地"上下求索"，秉承"一分为二"思想，对大型水利工程的自然环境影响开展评价，砥砺前行。

第十章
力倡节水解救华北水危机

参加黄淮海治理大会战

华北平原，又称黄淮海平原，是我国最大的平原之一，地势平坦、河湖众多、交通便利、经济发达。一方面具有丰富的农业自然资源和良好的生产条件，另一方面旱涝灾害频繁和土地盐碱化大大制约了资源优势的发挥。

干旱、渍涝、盐碱、咸水是华北平原东部发展农业生产的制约因素，而且相互影响，交替为害，成为这个地区形成长期多灾低产贫困落后区的根源。1983年，为国家重大需求出谋划策，中国科学院启动国家"黄淮海平原中低产地区综合治理和综合发展研究"（以下简称"黄淮海平原综合治理"）"六五"科技攻关项目。刘昌明刚刚完成南水北调沿途的考

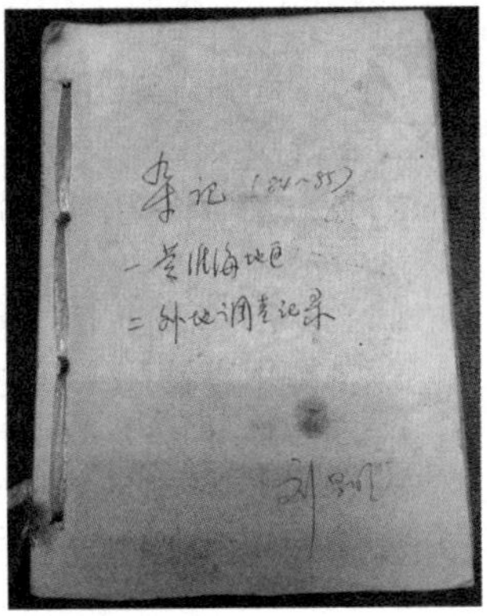

图 10-1 黄淮海笔记

察工作，便第一时间参与了"黄淮海综合治理"项目。刘昌明在时任中国科学院地理研究所所长黄秉维带领下，与中国科学院地理所和中国科学院自然资源综合考察委员会的同事一起，开展了黄淮海水文水资源攻关。同年，刘昌明主持华北平原农业节水与水量调控研究项目。为着手准备"黄淮海综合治理"项目，刘昌明开展了大量前期考察，带领团队开展了华北平原农业水文水资源研究，变低洼地渍害为宝，以洼水夺高产，出版了《华北平原水量平衡与南水北调研究文集》[1]《水量转换——实验与计算分析》[2]《低洼地渍害与治理试验研究》[3]《华北平原农业水文及水资源》[4]等著作，发表了"海河平原农业供水的决策分析模型"[5]"华北平原农业节水与水量调控"[6]"南水北调与华北平原农业持续发展"[7]等多篇论文，对黄淮海治理作出了卓越贡献。

联合筹建禹城实验站

1978 年秋，刘昌明与中国科学院地理研究所研究员唐登银、程维新、左大康等人共同商议决定，在禹城综合治理实验区内建立以水量平衡与水盐运动规律研究为主的野外实验站，解决旱涝碱治理过程的许多科学问题。

建站的想法始于中国科学院地理研究所分别在 1979 年 7 月和 1980 年 9 月对黄淮海平原进行的两次大型考察。这两次考察活动，客观上也促进

---

[1] 左大康，刘昌明，许越先，等：《华北平原水量平衡与南水北调研究文集》. 北京：科学出版社，1985.
[2] 刘昌明，任鸿遵：《水量转换——实验与计算分析》. 北京：科学出版社，1988.
[3] 刘昌明，朱耀良：《低洼地渍害与治理试验研究》. 大连：大连出版社，1990.
[4] 左大康，刘昌明，许越先，等：《华北平原农业水文及水资源》. 北京：科学出版社，1989.
[5] 刘昌明. 海河平原农业供水的决策分析模型.《自然资源学报》，1988（3）：250-261.
[6] 刘昌明. 华北平原农业节水与水量调控.《地理研究》，1989（3）：1-9.
[7] 刘昌明，由懋正. 南水北调与华北平原农业持续发展.《生态农业研究》，1993（1）：45-50.

了禹城实验站的建站进程。

第一次考察的地区有河北省南宫、南皮和曲周，河南省封丘、红旗渠引黄灌溉区、开封沙区以及商丘等综合治理实验区。专家组由院内外学者组成，包括中国科学院南京土壤研究所祝寿全、王尊亲、俞任培，中国科学院地质研究所罗焕炎，中国水利水电科学研究院杨振怀（后为水利部部长）等。地学部参加的有吴长惠、赵建萍。考察组每到一地，首先由当地政府介绍旱涝盐碱地治理和农业发展情况，然后专家组参观实验区，现场听取盐碱地治理经验介绍。随后与当地领导和科技人员一起，讨论存在的问题、解决的途径和科技需求。这次考察活动实际上是院、所为确定黄淮海平原研究工作重点在做准备。

第二次考察的区域是"南水北调"中线和东线。考察活动由左大康主持，专家组成员中有9位联合国大学的专家，除上次考察组大部分成员外，还有水利部、长办[①]及京、津、冀、鲁、豫、皖、苏五省二市的水利厅、科委参加。考察区域包括京、津、冀、豫、鄂、苏、鲁七省市，历时20多天。1979年，地理所所长黄秉维亲自主持将"南水北调环境后效和地区水量平衡研究"项目推荐为中国科学院的重点研究课题之一。此前，地理所确定了"一定要搞定位站，应考虑设立综合研究的定位工作"的目标。

禹城实验站，以水文研究室蒸发小组的人员为主，最初建立在山东禹城南北庄东南方约1千米处。作为禹城实验站筹建工作的主要负责人之一，刘昌明回忆建站所需经费（包括建房、仪器和设备）都由国家课题经费支付。1979年麦收前，实验站盖起了四间砖瓦房、一座库房和厨房，并在周围修筑了围墙。洪嘉琏负责筹建气象场，逄春浩负责筹建土壤水分观测场。

为了尽快完成建站任务，刘昌明又与程维新商量，从水文研究室将从事径流实验的赵家义调来协助制造水力蒸发器，后来决定让赵家义正式加入禹城实验站的筹建工作。1979年9月，工作团队建成了一个气象观测场、一个农田蒸发场、一个土壤水分观测场。1979年10月1日，各项实验观

---

① 即长江流域规划办公室，后改名为长江流域委员会。

图 10-2 2012年5月7日，刘昌明院士（右五）、孙鸿烈院士（右七）和地理资源所所长葛全胜（右三）指导禹城实验站科研工作

图 10-3 2015年10月16日，刘昌明院士（右二）和美国Brutsaert院士（右一）参观指导禹城实验站水面蒸发长期观测场

测工作正式开始。实验站配备了4个观测员，从事各项观测任务。张兴权在禹城试区负责土面增温剂的试验，任鸿遵、魏忠义等负责地下水研究。至此，中国科学院禹城实验站正式建成。从此开创了中国科学院禹城实验站以水量平衡和水分循环为主、以盐碱地治理为主要目标的定位科学实验研究（简称东园）。后来，东园成为禹城综合试验区"六五"国家科技攻关的指挥部。

根据禹城实验站的发展需要，中国科学院地学部主任李秉枢、地理研究所所长左大康和刘昌明等与实验站常驻人员一起进行新站址的选点。经过与禹城市协商，在试验区的南园买了32亩地作为禹城试验站的新站址（简称南园），也就是现在禹城实验站的所在地。

20世纪80年代中期，原来试验区被扩大到1530公顷（简称"一片"），同时选择了北丘洼（浅层咸水重盐化洼地）、辛店洼（季节性积水洼地）、沙河洼（季节性风沙化古河床洼地）三个自然条件极差、社会经济极端落后的洼地（简称"三洼"），开展了"一片三洼"治理工程，经过10年努力,"一片"已成为高产农田,"三洼"由原来的荒地改造成了良田。禹城综合试验区被誉为"小黄淮海""镶嵌在华北平原的一颗明珠"。

经过实验站科研同仁的共同努力,禹城实验站发展成为中国科学院的重要实验基地之一,于1987年被批准为中国科学院首批开放实验站,1989年被列入中国生态系统网络基本站,1999年成为科技部确定的首批国家重点实验站。

距离禹城站不远的南四湖位于山东省济宁市境内,由南阳、独山、昭阳、微山四个湖连接而成。湖泊狭长,形似蜂腰,全湖面积1260公顷,主要汇集鲁、苏、皖、豫四省来水,是山东省最大的湖泊。

南四湖是国家南水北调东线工程规划中的输水调蓄湖泊,为研究调水后对湖泊蒸发的影响,在时任地理所水文地理研究室第一副主任刘昌明的大力推动下,1981年年初,由中国科学院地理研究所和山东省水文总站共同筹建实验站,开展水面蒸发实验研究。

1983年上半年,南四湖蒸发实验站建成,勘测、设计和施工总共历时两年。该站设于南四湖二级坝上,占地15亩。

南四湖实验站于1984年正式进行观测和试验,它是黄淮海平原地区首个大型水体蒸发站。站内设有蒸发和气象两个观测场。其中,蒸发场布置有100平方米蒸发池、20531平方米水面蒸发池和不同小口径蒸发器,共15套。气象场内设有齐全的常规气象观测仪器。该站为南水北调地区水量平衡研究提供了实测资料[1],是当时国内蒸发测器最多的水面蒸发实验站。1995年刘昌明、傅抱璞等专家到南四湖参观了100平方米蒸发池。

刘昌明的科研同事们完成1978年提出的南水北调规划阶段所制定的水面蒸发研究任务,达到了预期的目的。所取得的成果对进一步开展南水北调东线工程的水文水利计算以及湖泊水量平衡、湖区综合开发、黄淮海平原综合开发治理等方面都具有较大的应用价值。

---

[1] 洪嘉琏. 山东南四湖蒸发实验站建成.《地理研究》,1983(4):98.

图10-4 1995年，刘昌明（左三）、傅抱璞（左二）等专家到南四湖参观

出任中国科学院石家庄农业现代化研究所所长

中国科学院石家庄农业现代化所（以下简称石家庄所）建立于1978年。20世纪70年代为了响应农业、工业、国防和科学技术四个现代化，解决科技与农业生产脱节问题，引领和支撑农业现代化建设，中国科学院重点建立了3个农业现代化样板县基地（河北栾城、黑龙江海伦、湖南桃园）。后来，栾城示范基地改称中国科学院栾城农业现代化研究所，最后更名为中国科学院石家庄农业现代化研究所。2002年，该所与中国科学院遗传与发育生物学研究所（以下简称遗传所）异地整合，成立了"中国科学院遗传与发育生物学研究所农业资源研究中心"。

20世纪90年代初，石家庄所换届选举，所长人选迟迟没能选出来，事情反映到中国科学院人事局，最终决定从北京选派人。刘昌明参加了黄淮海综合治理华北平原农业水文与水资源的大量研究。跟农业很接近，因此1992年中国科学院人事局的一纸调令让刘昌明从地理所到石家庄所担任所长。在中科院遥感所工作的关威,逢节假日时到石家庄所来陪伴刘昌明。

刘昌明到了石家庄所后发现,石家庄所堪比一个小型农科院,农业、种业、畜牧业、生物技术都有,甚至还有农业经济。当时中国科学院面向全国做示范,石家庄所在国际交流上带了个好头,一些最先进的方法、技术都在那里做示范,比如,日本赠送的一套最先进的塑料大棚设施,全部都是现代化的装备;美国赠送的喷灌机两边伸着长臂,像蜻蜓一样。这些技术都是在国内起着引领作用的农业科技示范,全国来这里参观"农业现代化"的人很多。

石家庄所的研究人员学历水平和素质参差不齐,中国科学院的人数不到1/3,省里的人数和地方的人数各占1/3。当时正处于改革开放"下海"的时候,有很多科研人员做生意,刘昌明到任的时候所里有7个公司。所以,石家庄所的这段工作经历存在很多挑战。

1992—2002年,刘昌明担任石家庄所所长整整10年。对研究所的发展做了如下布局。

第一,刘昌明得知所里从来没有自办过刊物,就申请创办了《生态农业研究》的学术刊物,后来改名为《中国生态农业学报》,经过多年努力,该期刊现在国内农业类期刊中影响比较大。

第二,石家庄所没有研究生,刘昌明当时是博导,经过努力申请了研究生培养点。现在石家庄所研究生达到130人,包括20多名留学生。

第三,强化所里的优点。所里搞农业的实验站、示范站比较多,刘昌明重点抓三个站:在太行山站研究山区农业和水土

图 10-5　1994年,刘昌明在石家庄所办公室

第十章　力倡节水解救华北水危机　　*105*

图10-6 1998年6月9日，刘昌明在河北石家庄所太行山站签订中日合作合同［刘昌明（左一），新腾静夫（右一），后排：杨永辉（右一），王建江（左一）］

资源，在山前平原（太行山）高产区栾城站主抓农业生产和可持续性问题，在南皮站做盐碱土改良和咸水利用。栾城站最初主要是搞生态农业，与中国科学院北京（大屯）农业生态系统试验站联合建站后刘昌明大力倡导把生态农业和节水研究结合起来，进行相关实验研究。同时，由于南皮咸水很多，为便于对咸水灌溉、盐碱治理的研究，刘昌明把南皮站作为农业用水研究的重要基地之一。河北平原的西边就是太行山，刘昌明在太行山选了元氏县建立了太行山生态农业站。巧合的是，栾城站、南皮站、元氏站这三个站恰好都在北纬38度上。依托这些实验基地，刘昌明积极推动国际合作，跟日本的合作一直是重点，后来和加拿大也有合作。

第四，承担重大研究任务（包括1993—1997年国家自然科学基金"八五"重大项目"华北平原节水农业应用基础研究"），利用三个实验站发展节水农业的理论与应用研究，嗣后申请成立了河北省节水农业重点实验室。

刘昌明退任后，仍然关心石家庄所。他认为该所与遗传所合并后，两所都有发展的空间。在学科研究上，遗传所主要进行遗传发育基础理论和应用方法的研究，石家庄所可以支持遗传所学科在理论上的发展。在应用上，可以结合石家庄所的农业资源条件，做一些示范和实验，形成有机的配合。河北省是我国12个主产粮区之一，这种结合十分可行。在实践方面，研究所人员有三个来源，研究遗传的、发育的、农业资源的，要站在三个学科的立场上本着科学精神进行跨学科的创新研究。科研要考虑综合性、系统性，需要实验室内外的研究互相补充、互相支持、互相渗透，做跨学科发展。遗传所可以很好地利用石家庄所的优势，在不同的资源配置之下，发展成为国内外有影响的农业科研大所和强所，为国家的农业发展作出新贡献。

在遗传所建所 60 年之际，刘昌明对遗传所赠送了寄语，他认为创新是我们这个时代的主旋律，也是中华民族复兴的一个重要方向。我们要创新，就要不拘于西方发达国家的技术，能够发扬中华的哲学思想，并将它与马克思主义的唯物辩证法一起结合到自然科学中推动科研工作，不搞形式主义。

联合建立栾城站

农业生态系统是生态系统科学的一个分支。由于人口增加所产生的食物供应压力和农业生态环境在许多地区的日趋恶化，该分支日益为人们所重视。在我国，粮食和农业生态环境问题更加突出。为了使农业生产的发展适应国情，同时达到保护农业生态环境的目的，1981 年，黄秉维、马世骏、李庆逵、曾昭顺等教授提出"在北京建立农业生态系统试验站"的建议，呼吁我国优先发展农业生态系统研究。此建议得到中国科学院地学部和生物学部 14 位学部委员的积极支持，同年 12 月经中国科学院批准，中国科学院北京大屯农业生态系统试验站（后文简称大屯站）正式建立[1]，由中国科学院地理研究所代管。

大屯站位于北京市安定门外大屯路南侧，"917"生活区以西，占地约 130 亩，大屯站自成立以后，围绕作物生长发育及产量形成的主要因素及其综合推广、农田自然生产潜力以及实现某一水平自然生产潜力所需要的条件、农田生态系统动态精确测定、自然变化过程的诠释、特定条件下的增产途径和措施及田间实验检验、观测和研究项目的面上推广，开展了大量工作，成为具有明确应用目的的基础研究的国内外示范。得到国内外有

---

[1] 胡朝炳. 农业生态系统研究与中国科学院北京大屯农业生态系统试验站.《地理研究》，1986（2）：107–108.

关专家的关注和支持，不少研究单位前来参加实验工作，国内外许多专家前来参观并指导工作，和国外试验站建立了合作关系。20世纪80年代末期的北京亚运村北扩，大屯站开始在京郊和河北省选站址。

刘昌明上任担任所长的中国科学院石家庄农业现代化研究所，于1981年6月建立了中国科学院石家庄农业现代化研究所农业试验站。该站经中国科学院批准，于1987年7月更名为中国科学院石家庄农业现代化研究所栾城生态农业试验站（下文简称栾城原站），1989年入选中国生态系统研究网络（CERN）第一批基本站，站址位于河北省石家庄栾城县城东。该站处于太行山—燕山山地东南麓，对黄淮海平原北缘有广泛的代表性。70年代末80年代初地下水位尚浅，但农业耗水量太大，降水量渐趋减少。栾城一带降水比20世纪60—70年代偏少10~100毫米，是相对的干旱中心。地下水严重超采，地下水位平均每年下降1米左右，是地下水漏斗最为发育的地区之一。至90年代中期，华北平原漏斗成片已达4万多平方千米，呈不可遏制之趋势，是全球最大的漏斗区；华北平原下垫面日益干旱化，降水总体上趋于偏少而蒸发量趋于增加，地表径流日益衰减，地下水大量超采日趋耗竭。形势之严峻一直为国内外有识之士所关注。

从农业生态观点看，与美国玉米带、小麦带相对应，栾城原站是华北农业精华所在，是精耕细作的传统农业、现代农业与生态农业迅速发展的代表性区域，节水农业正积极推行。栾城原站处于中国科学院生态网络站点腹心地带，代表半湿润暖温带褐土带和黄淮海平原中上部位置，对严重干旱的华北平原极具代表性。栾城原站周围敞阔平坦农田成片，能充分满足来流路径的严格要求；地下水位已深达30余米。有试验地300多亩，按FAO标准所建水分池的观测试验每年进行。

按照黄秉维院士反复强调的大屯站新站址必须满足的三大要求，即新站址地下水埋深常年必须大于3米；土壤为褐土、褐潮土或潮土，如无砂姜层更好，或在表土以下2米土层内砂姜含量不超过5%~10%；环境背景要求地势平坦开阔、地上地下部分污染状况在允许范围内，试验地及周围农田作物单一且具有区域代表性，栾城原站比其他备选点更满足大屯站的新选站址要求。考虑到刘昌明担任所长便于组织管理，1992年，中国科学院地理研究所黄秉维院士与时任石家庄农业现代化所所长刘昌明商议大屯站与栾城原站联合建站。1992年9月26日，刘昌明在栾城原站向黄秉维先生汇报联合建站进展，希望成为一个典型、模范、标兵、改革的样板。1993年1月，经中国科学院批准，中国科学院石家庄农业现代化研究所栾城生态农业试验站与中国科学院北京大屯农业生态系统试验站正式合并组建，定名为中国科学院栾城农业生态系统试验站（下文简称栾城站），刘昌明任站长。

基于土壤—植物—大气连续体界面理论的农业耗水调控途径

农业一直以来都是水资源的耗水大户，刘昌明团队开展了大量的田间实验，通过种植小麦、玉米，研究如何平衡灌水与效益之间的关系。为了解决农业耗水问题，刘昌明以"五水转化"为理论基础，以土壤—植物—大气连续体为主要载体，开创了一种新的水分耗散的调控途径。从雨水的管理开始，一直发展到田间农作物的灌溉模式。

土壤—植物—大气连续体简称SPAC（Soil-Plant-Atmosphere Continuum），包含三个重要组分，即：土壤、植物和大气。具体来说，SPAC系统包括植物根系生长发育所处的土壤层，含土壤水及与之有联系的地下潜水，作物体本身和作物体所在的大气空间环境，这些界面和层次通过"接口"或"结点"进行物质和能量的交换，从界面上控制水分消耗和提高界面水分的转化效率对农田水分利用效率的提高有重要意义。

SPAC水分传输连续体中，水分从土壤到作物根系、从根系到叶片、从叶片到大气这三个界面的传输和通量[1]，决定了农田的水分耗散结构（蒸腾和蒸发），通过调控土壤–大气界面的水分传输，降低田间无效蒸发耗

---

[1] 刘昌明，刘苏峡. 大气、土壤、植被界面的水文联系. 见：叶笃正：《地球科学进展、趋势、发展战略研究》. 北京：气象出版社，1993，第365-371页.

水；通过调控根系吸水，提高土壤水分的利用效率；通过调控冠层-大气的水分传输，提高作物蒸腾效率。三者相结合，最终达到提高整个农田生态系统水分利用效率的目的。

通过大量的实验，刘昌明和团队决心计算出通过少量的水量来达到最佳的灌溉效果，避免农业用水的浪费，从而达到节水的目的。

作物蒸散而耗水，想办法控制上述界面的水文传输就能降低耗水。对此，刘昌明想了很多办法，也用了很多材料，比如就地取材，用收割以后的秸秆覆盖土壤，既能提高地温，又可以防止水分过多的蒸发。

冠层-大气界面调控主要是调控叶面的气孔，不同品种具有不同的气孔阻力，所以刘昌明团队选择一些耗水量、蒸腾量小而产量高的品种做实验，通过这个品种实验去寻找气孔的蒸腾小而产量高的品种。这样通过调整大气和叶片界面的水蒸气交换调控耗水。

另外，还要考虑作物之间的空隙，即种植密度。通过大量的实验计算，刘昌明研究出了棵间土壤蒸发和总蒸散发关系。揭示小麦和玉米生长时期棵间土壤蒸发量为29%~30%的总蒸散，两个值很接近，运用玉米和小麦两个物种不同的生长期的详细实验，做出了好几个模式，最好的模式就是能够实现每亩地节水100立方米，节约成本增收100元。研究论文发表后，被30多个国家的学者引用，引用次数超过400次。

上述研究获得了国家自然科学基金委农学部和交叉科学部共同资助的国家自然科学重大基金——"华北平原节水农业应用基础研究"项目。该项目由刘昌明和北京农业大学校长石元春院士共同主持。该项目实行双首席负责制，积聚了国内相关单位的优势力量，包括中国科学院地理研究所、清华大学雷志栋院士团队、武汉水利水电学院（现与武汉大学合并）、北京市水科所、中国水利科学研究所、石家庄农业现代化所等单位。

刘昌明带领团队深入研究了品种、调亏灌溉制度、耕作种植、覆盖等节水技术的机理、节水效果和应用条件，形成了适合平原区不同条件的7种节水模式，在山前平原取得了每亩节水100立方米、增收100元的节水、增产和增收效果，其中冬小麦和夏玉米的水分利用效率达每立方米2千克以上。这些节水技术模式在石家庄、保定、邯郸、衡水和沧州等地进行了大面积推广应用。几年间，借由新技术推广，累计新增社会粮食 5 亿千克，累计新增社会纯收益 5.47 亿元，累计节水 7.91 亿立方米，取得了明显的社会、经济和生态效益。2011 年获河北省科技突出贡献奖，2017 年获国家自然科学奖二等奖。

图 10-7　1995 年，刘昌明在河北省栾城县农田做实验

节水中的"系统观"学术思想

农业节水一直是刘昌明工作的中心，在河北工作期间，他所有的工作其实都在围绕这个中心去做。"用最少的水去生产更多的粮食"是刘昌明的追求，也形成了他的鲜明的系统观节水思想。

刘昌明认为，哲学思想中的系统观非常重要。系统观的构架可以帮助我们对事物有一个整体的认识，对系统的分解是认识整个系统的技术和手段。譬如，研究一个水文系统时，当其中描述的水文变量变化非常复杂时，可以进行多次分解，但当分解次数趋于无穷的时候，要想进行相应的计算和分析就很困难了。这个时候可以通过引入水文模型，将整个水文系统视为一个整体来简化复杂问题，通过把这个整体划分为输入、输出和系统三个部分，来展开相应的水文计算和分析。具体到实际的水文问题，当以输出为未知量时，就相当于是已知降水量和产、汇流过程，进行水文预报的过程；当以输入为未知量时，就相当于是已知产、汇流过程和径流量，推求降水量的过程；当以系统为未知量时，就相当于是已知降水量和径流量，推求产、汇流的过程。在这个过程中，以系统观为指导思想可以帮助更深刻地理解整个水文系统或其他系统的结构，从而帮助更好地思

第十章　力倡节水解救华北水危机

考和解决问题。因此，刘昌明认为借助系统观既可以认识世界的宏微观关系，又可以作为科学研究的一种技术手段。

将系统观具体到实际科研问题，刘昌明认为节水问题可以用到这一理论。将系统观运用到节水问题中，可以把节水这个系统分为水源、工程、农艺和管理四个部分，每个部分都渗透着节水的重要内涵。

2003年，刘昌明撰文强调了南水北调在解决我国北方黄河断流与黄淮海平原地下水危机的重要意义[①]。他同时也认为，南水北调只是解决缺水问题的暂时性手段之一，要解决缺水，关键在节水。刘昌明认为，节水作为系统工程，包括了自然技术、经济社会、生态与环境等方面。单从国家来讲，要控制用水总量，通过控制工程区来控制水的污染，提高水的利用率。针对企业和每一个社会成员，刘昌明提出了全社会节水的概念，用来区别节水社会。他说："全社会节水包括节水社会的建设，但更重要是从意识上强调节水，每一个用水人都应该有节水意识，水是商品，必须节约爱护。"

华北平原的耕地面积约2.7亿亩，接近全国耕地总面积的五分之一，是我国最重要的农业生产基地，在全国农业的发展中具有举足轻重的地位。华北平原水资源严重不足，当地的地表水与地下水总量不到800亿立方米，全国人均水资源量为2200立方米，华北平原为300多立方米。水源不足成为华北平原农业生产发展的主要限制因素。

数据资料显示，华北平原是一个既缺水又有洪涝威胁的区域，一直遭受着旱涝碱咸自然灾害。与东北平原、长江中下游平原一起，都是粮食生产基地，但是比较起来，华北平原水资源灾害多，不像南方主要是洪水，东北主要是低温影响，华北平原受综合的问题影响，既有洪涝也有环境、生态的问题。

华北水资源量本身先天不足，主要是因为黄河泛滥以后改道留下很多河道，这些河道就成了一些沙地、古河道，或者成了一些水很少的湿地。这些地方从环境和农业上来看，地下水高的地方就存在有盐碱的问题，地

---

① 刘昌明. 南水北调：在节水的基础上实施缓解北方水危机. 《科学对社会的影响》, 2003 (3): 26–31.

下水低的地方又有"掏坡水"的危害。同时，华北地区地下水超采本身就是因为水资源不足。

刘昌明一直认为，水的问题解决主要是针对水资源的数量和时间、空间上的分布不均。华北降雨量只有五六百毫米，目前普遍是小麦＋玉米轮作，需要水量800多毫米，所以华北农业必须要灌溉。

图10-8　2003年，刘昌明在河北省栾城县开展节水灌溉研究

在刘昌明看来，水资源利用要适应自然条件，要和自然和谐相处即人水和谐，在利用中保护，保护中进行利用。最好的办法就是杜绝人类对水资源的浪费，提高水资源利用的效率，这也是我国当今水资源利用的方针，三条红线总量控制、水污染控制和节水高效利用。刘昌明坚持认为，为了保证产量不减甚至有所提高，必须解决农业供水问题。其途径归结为开源、节流和管理三种，但不论是近期与远期，节流与有效管理都应是平原区水资源的一个基本策略。节流与管理两者之间有密切的联系，实现节流需要有科学的用水管理。开源与节流的关系是节流的前提下开发新的水源，在充分利用好当地的各种水资源基础上，引进区外的新水源，既可减少引水工程投资，又可减轻引水工程的不利环境影响。因此，"开源－节流－管理"是解决华北水危机的三驾马车，需要系统性管理。

刘昌明在河北考察时发现，尽管河北水资源短缺，但是仍然存在水资源浪费的现象。在灌溉中采用大水漫灌方式，不仅严重浪费了水资源，还引起了农田土壤的盐渍化（盐分始终处在累积的状态），导致农田的生态环境遭到破坏。

如何应对华北未来水资源的严峻形势？刘昌明认为，节水是解决水问题的核心和关键。我国的节水潜力巨大，有统计数据表明，我国每单位GDP消耗水比日本高两个数量级。刘昌明认为解决华北平原水资源短缺问题重要的是解决农业节水问题，因为占总用水70%左右的农业用水浪费严重[1]。

农业节水有三种途径，一是通过节水农业技术的应用，农田水资源利用效率可提高20%~50%；二是减少干旱地区的小麦播种面积，因为小麦的用水远大于其他作物；三是可以使用一些虚拟水，即从国外直接进口一些高耗水的农产品，比如说进口1吨小麦，也就等于进口了1000立方米的水。

刘昌明认为，生活用水节水，生活中的饮用水用量很少，大量的水都用于洗菜、洗澡、洗衣服、冲厕所，如果我们能够在这些方面采取理性的用水措施，把节水搞上去，就能起到"一箭三雕"的奇效，第一减少用水，第二降低污水的排放，第三有利于生态环境。

另外，污水处理也是一种节水。美国基本上所有污水都经过了处理，并按水质进行分类排放，将能喝的、能灌的打到地下去，他们称为水银行。我们现在的问题是水费收得太低了，一些污水处理厂建成后甚至由于资金短缺而无法运转。因此，水资源是一个系统工程，不仅是一个自然系统，而且跟政策、社会经济都有关系。

同时，节水还有利于生态与环境的维持和保护：在灌溉区可避免因浪费水引起的沼泽化、土壤盐碱化与农业化肥引起的面源污染。在城市可减少废弃水的二次污染，有助于充分发挥水利工程的正效应，减少负效应。

诸如水循环中大气水、地表水、地下水、土壤水、植物水的"五水"转化也是系统观的重要实践。提到系统观又不得不谈到人生观，刘昌明说一个正确的人生观对自己来说是极其重要的，正是因为有了一个正确的人生观才促进了他的科学观包括系统观的形成。刘昌明的人生观，一方面影

---

[1] 刘昌明. 华北平原农业节水与水量调控.《地理研究》，1989（3）：1-9.

响着他的追求和人生的终极目标，另一方面引导着他用科学的方法去做每一件事情。刘昌明所认识的世界只有相对的事，而没有绝对的事。在学习了马克思主义哲学中的"一分为二"思想后，他自己又深入去理解其中蕴含的道理，最后形成了自己的世界观。

当选院士

凭借刘昌明在科研事业上的成绩，受中国科学院地理研究所、中国科学院石家庄现代化研究所和中国地理协会推荐，著名地理学家黄秉维、吴传钧和孙鸿烈撰写推荐书，1995年刘昌明当选为中国科学院院士。

刘昌明当选院士，得到前辈黄秉维院士的高度评价。黄秉维认为，刘昌明1956年被分配到地理所，在水文区划工作中，对全国水文与自然环境的相互关系具备了较全面的认识，主要包括水平衡、河流泥沙和热的水文效应三方面。

黄秉维指出[1]，刘昌明1962年起开始地球物理方向的水文研究，偏重野外和室内实验，取得了一系列在国内具有开拓性的成果，具备了在综合指导下、在分析基础上分析的能力。自1962年起历时三年，在黄土高原设实验站研究坡地径流的形成和作用。降雨径流实验室于1964年开始筹建，1965年建成。实验站、实验室在国内当时具有开拓创先性质，所用自行研制的人工模拟降雨入渗仪、电测水分仪至今仍为有关业务部门使用。由于"文化大革命"导致工作中断，只有部分成果写成论文发表。按已发表论文来看，所得结果：以暴雨性质（强度、历时、增减过程）对入渗、产流，坡面径流的侵蚀作用等影响比较最完整，其次是森林的水保与水文作用。数学推导相当严密，所得方程式，如据以计算，工作量很大，都采取

---

[1] 黄秉维院士给刘昌明写的院士申请推荐书，来源：中国科学院院士工作局。

简化的方法以便应用。这一时期的工作为小流域暴雨洪峰流量计算方法研究准备了部分基础。

1969年,刘昌明承担缺少水文测值地区小流域暴雨洪峰流量计算方法的研究,从事工程方向的工作,创造性地为桥梁涵洞设计解决了一个难题。从20世纪70年代末期开始,研究与南水北调有关的问题,80年代初开始在华北平原从理论上综合探讨降水、地表水、土壤水、地下水、植物水转化过程,在应用上则着重农业水文,兼及水与环境的关系,此后又扩大研究的领域,包括城市用水、水与植物界的相互作用以至全球变化对水平衡的影响。刘昌明多年的工作有一个突出特点是善于将综合与分析、宏观与微观、理论与应用结合起来,将水文学的地球物理方向、工程方向、农田水利方向、城市供水等融为一体。实质上,他是在建立所谓"地理水文学"。地理水文学是比水文学更广阔的领域,有重要意义,但难度很大。刘昌明在理论方法上不断创新,在生产应用上有重要贡献。

中国铁路平均每千米有桥梁涵洞4~6处,工程设计必须根据暴雨洪峰流量,其他事业亦有很多类似设施。绝大多数都缺乏水文测值,按习用方法估计误差很大,亟须比较可靠的推算。1970年刘昌明接受铁道部门的任务委托,阅时7年,工作遍及华北、西北计划中铁路。截至1978年,其中的6线业已建成,刘昌明的洪峰计算方法经过多年应用,效果很好,按当时币值计算,节省造价近亿元。他根据理论和室内、野外实验,研究在不同自然条件下,暴雨特性与入渗产流的关系、坡面和沟槽汇流的流速、流域的地貌,推导出包括12个自然地理参数计算洪峰流量的方程组。他推导的特点包括:①暴雨公式采用连续函数,以避免分段暴雨公式中雨强分段交接点不确定性所引起的误差;②根据实验所得雨强与入渗的定量关系,推导超渗产流;③模型实验否定了习用的流域形状矩形概化,确切地体现流域形状对洪峰汇流的影响,在水流运动不均匀的基础上,推导部分流域面积形成洪峰。他的计算方法考虑周详,方法严密,至今仍为铁道部门所采用,并编入10多种大学教材和工程手册中。1980年在 *Water Resources Research* 发表,为国外学者引用,反映很好。

黄秉维指出，20世纪80年代前期，刘昌明曾先后就南水北调问题进行研究，主要内容包括：①关于配水方案制订方法，主张采用地理系统分析，以东线调水为例，先建立降水、蒸发力与人为调节等功能函数，然后建立分析数学模型，据此配置或输入水量；②拟订区域水分适宜度指标（取决于辐射净值的蒸发力与取决于降水的土壤水补给的比值），由此导出调水量的地区分配方法；③提出分别按水量输出区、通过区和输入区环境后效分析与评价模式；④发展了以节水和避免土壤盐渍化为目标，将对环境影响考虑在内的水资源调度模型；⑤根据华北平原农业水资源利用及供水对策的系统分析，认为可以在节水的基础上缩小调水的规模。

"五水"转化是从降水开始，系统地研究降水、地表水、土壤水、植物水、地下水传输转化。刘昌明从理论上探讨界面性质、水分、能量和溶质交换、转化以及研究的方法，并与华北平原实际情况相结合，提出一些有意义的问题。原来在华北平原进行的工作大部分都与此有关，按此概念，在综合指导之下调整部署，收效可以更大更快。刘昌明对有效降水的计算、土壤水评价与土壤水调控措施完成了一些研究。降水资源化包括屋顶降水利用、塘窖贮水、人工降雨等许多内容，应用前景广阔。

从1962年起，刘昌明始终不懈地致力于实验工作，不但建立实验站室（除黄土高原站及实验室外，还建立了禹城站，在南四湖、宿县与有关单位合作建站，兼任栾城站长，建成包括地下水变动条件蒸渗仪），而且不断地进行实验工作，甚至有些仪器设备也是自行研制的。在华北平原，他做了大量的关于水的工作，如水资源评价方法，有效降雨计算，水、盐水、水中含沙量的平衡关系，水资源联合调度，等等。他以具体深入了解水的机理与作用为依托，纵观与水有关的现象和问题，视野拓宽，常能见人所未见，"比较水文学""界面水文学""水与群落交错区的研究"便是例证。

1995年和刘昌明同期当选的59名中国科学院院士中，地学部占10人，名单如下：

地学部新当选院士（10人）

姓名	当选时年龄	专业	单位
许志琴	53岁	构造地质	地质矿产部地质研究所
刘昌明	60岁	水文水资源	中国科学院地理研究所、石家庄农业现代化研究所
刘振兴	65岁	空间物理学	中国科学院空间科学与应用研究中心
汪集旸	59岁	地热	中国科学院地质研究所
周志炎	62岁	古植物学、地层学	中科院南京地质古生物研究所
於崇文	71岁	地球化学	中国地质大学
席承藩	79岁	土壤地理	中国科学院南京土壤研究所
秦蕴珊	61岁	海洋地质	中国科学院海洋研究所
巢纪平	62岁	气象学	国家海洋环境预报中心
戴金星	60岁	天然气地质与地球化学	中国石油天然气总公司石油勘探开发科学研究院

图10-9　2019年3月19日，本书作者刘苏峡（中）、吴永保（左一）、刘树勇（右一）在中国科学院院士工作局收集资料（刘苏峡供图）

第十一章
在水科学多个高地的实践

倡导雨水利用

水资源的主要来源是降水。尽管华北平原东部地区沿海，有大量的水资源，但是海水没办法直接用来供水，饮用水和灌溉水都需要淡水。因此，刘昌明对降水很重视，降水是淡水，那么首先就是要充分把雨水利用好。

开源是解决华北的"水危机"的重要举措。多年前，刘昌明就提出，在资源性缺水严重的北方地区，应将雨水作为重要水源看待并利用。循着"雨水资源化"的理念，刘昌明提出了利用数学物理方法完善雨水收集系统的理论，并指明"用高新技术开拓雨水利用的硬件系统是雨水研究的重要方向"。这是一种全新的"水资源观"，国际山地综合发展中心教授查理斯因此称刘昌明为"中国雨水利用之父"。

基于雨水入手解决水资源不足的想法，刘昌明和国际雨水收集系统协会建立联系，加入了该协会。1995年，刘昌明在北京主持召开了第七届国际雨水收集系统大会，有 30 多个国家上百名的学者和两百名左右的国内代表参加，刘昌明是大会的主席。从那时开始，拉开了雨水利用研究的序幕。之后，刘昌明当选了国际雨水收集系统协会的副主任。接着，国内建立了雨水收集学会，后更名为中国的雨水利用理事会，刘昌明是学会的第一届主席。

图 11-1　1993 年 7 月 14 日，刘昌明（后排左起第十）与国际雨水大会专家在拉萨布达拉宫合影

　　刘昌明与其博士生牟海省将雨水转化为雨水资源的过程定义为雨水资源化；间接利用雨水以及其他形式的大气水的过程定义为广义的雨水资源化。雨水资源化过程中应用的集流、收集、存储系统称之为雨水集流系统。大气对地面水分输入方式可分为垂直、水平与凝结三种形式，对应于通常所称的垂直降水、水平降水与地面凝结水，降水包括大气中降落到地面上的多种形式的液态水与固态水。在高纬度地区，雪水也占降水量很大的比重；在许多干旱极干旱地区，凝结水也有重要的生态意义。雨水资源化有两种途径，一种是雨水的自然的资源转化过程；另一种是雨水的人为资源化过程。

　　刘昌明对雨水资源化描述了下述内涵：①强调大气水的充分利用；②突出雨水向其他形态水资源的转化过程与调蓄利用；③雨水资源不仅可以直接利用，而且人工可以促进雨水转化为有效资源；④水汽资源开发（人工增水）为雨水资源开发进一步发展的方向；⑤从区域上，雨水利用最重要的地区是缺乏地表水和地下水的地区，例如缺乏淡水的海岛上、岩石裸露的山岗、喀斯特地区、远离集中供水系统的分散居民点等。从降水量上看，特别干旱的少雨地区不适合雨水集流，因为没有雨水可收集。雨水利用在半干旱地区较为受重视，因为该地区水资源缺乏。事实上，降雨越多的地区越适宜开展雨水利用，由于降雨量大，对于集流面积大小、集流效率、储蓄雨水容器的体积、储存时间都要求不高，这样的雨水利用系统容易建设。

简单的雨水利用概念主要是雨水集流的家庭利用和雨养农业应用，一般属于雨水的直接利用或雨水一级利用。除雨水直接利用外，流域产流汇集到河流、湖泊、水库、地下水中的水资源，即自然集水系统赋存的雨水，称为雨水的派生资源，是广义雨水资源的一部分。派生雨水资源的开发利用，称之为雨水再利用或间接利用，雨水资源可以进行多次派生和多次利用，部分水利工程可视为雨水的再利用。雨水利用有较广泛的含义，不但包括雨水的家庭利用、农业利用，也包括了人工增雨、水土保持、水源地涵养、城市防洪与生态环境改善利用雨水资源等各个方面。

人类社会可利用水资源的数量和质量，取决于存在天然降水系统和各种形态水资源系统之间的水转化。人工的转化子系统在雨水转化系统中占主导地位，表现在两个方面：一是新建人工的雨水转化系统，如水库、水窖、集水面等；二是通过改造自然的水转化，如空中水库、土壤与地下调蓄、森林效应、调配系统的建设，它们分别对应于人工增雨、土地改良、地下水回灌、植树造林、各种工程措施。由此可见，雨水资源利用的前景必然是人类逐渐控制雨水转化的各个环节。

由于农业用水占比很大，20世纪末，农业用水占水资源利用的70%~80%，在刘昌明看来，农业方面用水要靠雨水、地表水、地下水，但是水资源还是不够，这样就应该约束人们的用水规模，实现节水，让有限的水资源发挥最大的效益。因此，力倡节水农业的刘昌明成为国内最早启动研究雨水收集、雨水利用的科学工作者。

引领气候变化对水文影响研究

全球气候变化涉及国家政治与安全、社会经济发展、人类协调与合作等一系列问题，关系到人类的生存与发展。气候变化改变了水文循环过程，影响着水资源系统的结构与功能，给人类的水资源开发利用带来新的挑战。

在气候变暖背景下，过去30多年我国北方尤其华北地区旱情加重，水生态与环境恶化，极端水旱灾害增多，严重制约了经济社会的可持续发展。未来气候变化将极有可能对我国"南涝北旱"的格局和未来水资源区域分布产生更为显著的影响，并对我国的粮食安全、南水北调工程、江河防洪体系规划等国家重大工程的预期效果产生不利影响。

对华北平原来说，气候变干燥了，雨量少，更加缺水。黄淮海平原综合治理的后期就是关注气候变化和节水问题。南水北调工程是解决我国缺水的一个重要的战略措施，而节水是调水的基础，又是气候变化的适应性的对策。

中国科学院冰川冻土所的施雅风是刘昌明的前辈，年龄要大刘昌明20多岁，刘昌明与施雅风院士关系颇好。20世纪80年代，施雅风带的一个博士研究生秦伯强的论文答辩，主题是湖泊相关的研究，刘昌明凭着自己在水文方面、湖泊、河流等方面的渊博知识，受邀作为博士生评委会主席参加答辩。在秦伯强答辩的休息空隙，施雅风向刘昌明提议研究气候变化。80年代全球变化已经涉及气候变化，90年代气候变化就更加明显了，直到现在气候变化已形成国际公约。刘昌明回忆说："施院士和我说，水文和全球气候变化有怎样的联系，我听了也是觉得深有同感，觉得这个问题在我们学科里头还没有人做，是一个研究的创新点。"在兴趣的支配下，刘昌明立即写了项目申请报告着手开始研究。1989年，他带着硕士研究生傅国斌着手开始研究水文与气候变化。他们利用水量平衡模型，采取假定气候方案方法，分析了万泉河流域水资源状况对全球增暖的响应。他们的研究结果表明，温度升高明显导致区域径流量减少、年径流系列的不稳定性增强、土壤蓄水降低，同时径流年内分配也发生变化。这些工作引领了我国气候变化对水文影响的研究。

气候变化对水文的影响，后来一直是刘昌明的工作重心之一。他常说，研究水的变化里面有很重要的两大方面，一个是气候变化会引起水的变化，另一个是人类活动，退耕还林、水土保持、修建水库或者城市发展，都会改变水文条件。人类活动，也称土地利用和土地覆盖。土地利用包括农用地、林用地、草地、畜牧地、城市用地等；土地覆盖自然方面考虑多一点，比如森林、草场、冰川、城市区等很多。土地利用和土地覆盖也可以被看作人类活动。除了天然的原始森林外，只要是人工种的树也都是林业措施。

刘昌明把气候变化对水文的影响概括为五性：非线性、区域复杂性、机制反馈性、分阶响应性、不确定性。他认为，从初阶响应到高阶响应，气候变化的影响会产生连锁反应，传播到生态和社会。

任中国首个水文"973"项目首席科学家

黄河流域是我国当前西部大开发的重要地区之一。黄河流域大部分地区属于半干旱和半湿润区，水资源条件先天不足，人均占有年水资源量仅为全国平均的1/5。作为我国北方地区最大的供水水源，黄河以其占全国河川径流2%的有限水量，担负着本流域和下游引黄灌区全国9%的耕地面积和12%的人口的供水任务，同时还要向流域外部分地区（含河北与天津及青岛）远距离送水。全流域水资源总量利用率高达84%，水资源净消耗率达53.3%。

在人类活动的影响下，黄河流域水资源状况日益恶化。历史上干流、主要支流下游断流频繁发生，不仅水资源供需矛盾加剧，而且给流域的生态环境带来一系列冲击。河道频繁断流是黄河水资源供需失衡的集中表现。

根据资料统计，黄河断流具有以下几个特点：①断流频率不断提高；②断流时间不断延长；③断流影响范围不断扩大；④年内首次出现断流时间提前、断流密集月份范围扩大；⑤年度内出现双高峰断流规律。

黄河是沿黄地区的生命线，黄河断流造成的社会经济影响主要体现在经济比较发达的下游地区。黄河下游流域面积虽然不大，但直接以黄河为生活饮用水源的大、中城市很多，包括：河南省的郑州、新乡、开封、濮阳；山东省的菏泽、济宁、聊城、济南、淄博、滨州和东营；还包括中原油田、胜利油田的生产、生活用水，以及几个大的引黄灌区。黄河断流，致使下游地区，特别是山东沿黄工农业和油田生产受到了严重影响。

据有关部门初步调查和分析，黄河下游1972—1996年因断流和供水不足，造成工农业（含油田）累计经济损失约为268亿元，年均近14亿元（1995年数据），1997年黄河断流对山东省工农业生产造成的直接经济损失在135亿元以上，其中农业70亿元、工业40亿元、其他25亿元[①]。

中华人民共和国成立以来，黄河治理开发取得了巨大成就。然而，随着对水资源的大量开发和自然条件的变化，黄河面临水资源短缺、水灾害加剧、生态环境恶化三大问题交织的严峻局面，这是黄河流域地表水－土－生态系统与人类社会经济系统相互作用下恶性发展的结果。

水资源短缺是黄河流域面临的三大问题的核心所在。1998年，刘昌明获批科技部"973"项目"黄河流域水资源演化规律与可再生性维持机理"，成为水文领域第一位获得该类项目的科学家。该项目的目标是实现黄河治理和流域经济可持续发展的国家重大需求，项目总体思路是确切针对黄河出现的水资源危机形成原因进行深入分析。在深入研究黄河水资源的形成演化规律的基础上，探索黄河水资源可更新和可再生性维持的新问题。以水循环和水资源演化为主线索，在水资源二元演化模型的基础上，以可再生性维持理论为指导，以多维临界综合调控为手段，为实现黄河流域水资源的可持续利用提供依据。同时深入揭示水沙过程变异机理、河道

---

① 刘昌明. 黄河流域水资源演化规律与可再生性维持机理研究进展.《中国基础科学》，2002（3）：22—26.

图 11-2 1998年，刘昌明（右五）和孙鸿烈（右四）等到黄河考察

萎缩机理及小水大灾形成机理，提出恢复流域生态环境和河道行洪能力的措施，为缓解黄河水危机、维护生态环境和防治洪水灾害提供理论依据。

根据上述总体思路，设置了黄河流域水循环动力学机制与模拟；黄河水资源演变规律及二元演化模型；黄河下游河流系统功能与水资源转化结构；黄河流域水资源可再生性理论与评价；黄河流域地下水可再生能力变化规律；黄河水资源可再生性维持途径；黄河流域的多维临界调控模式等8个课题。与黄河水利委员会的"数字黄河"任务相结合，并在技术上采用多学科综合和跨学科交叉的研究方法，将水文学、水资源学、地貌学等地球科学方法，河流动力学等力学方法，系统论、经济学中的系统分析方法和宏观决策方法，灾害学、环境科学中的评价分析方法等有机结合，立足观测实验，把台站观测资料与实验室模拟实验相结合，遥感、地理信息系统、全球定位系统与数学模拟方法相结合，微观力学机理分析与宏观地域规律相结合，实现从单元流域到全流域不同时空尺度的水文模型的尺度镶嵌和集成。在这个"973"项目中，刘昌明从水文学学术思想中的"系统观"出发，表现出一种举重若轻的科学素养，展示出整体性、多样性、

第十一章　在水科学多个高地的实践

关联性、统一性、动态性和可持续性的"系统观"特点。项目获得了四项国家级奖项,其中的 3 位项目参与人陆续被评为中国科学院和中国工程院院士,分别是王浩、王光谦和倪晋仁。

图 11-3 "973"项目课题验收会场

无测站流域水文预报在西藏山洪水情预报预警中的应用

偏远地区的水文气象测站往往稀少,发达地区虽有比较密集的测站,却不能对所有的水文气象要素都予以观测。资料稀缺是水文分析与计算工作面临的一个普遍性问题,也是世界性难题。2003 年 7 月,国际水文科学协会(IAHS)在日本札幌召开的第 23 届国际大地测量及地球物理学联合大会（IUGG）上启动了无测站流域水文预报（PUB，Predictions in Ungauged Basins）国际水文十年计划，呼吁全球的水文学家，集中十年攻关，开展资料稀缺流域的水文预测研究。

我国地域辽阔，流域下垫面和气候条件变化多样，决定了我国具有极其复杂的水文过程和内涵丰富的水文科学问题，但是我国水文气象测站密度总体偏低，尤以西部地区为甚，远远低于国际平均水平[1]。此外，日益加剧的人类活动显著地改变了流域下垫面特征，影响了水文数据的一致性，使沿用的方法不能适用于变化环境下的水文计算。

刘昌明很早就认识到资料稀缺流域水文预测的重要性。在西北和青藏铁路沿线的十年里，刘昌明与他的同事更是身体力行，全力投入无资料流域水文预测的理论探讨和实践中。在交通不便、条件艰苦、资料条件薄弱的情况下，产出了小流域暴雨洪峰过程预报的重大成果，荣获全国科技奖。该成果的最大特色就是为没有观测资料或者资料稀缺流域的水文预测提供了解决方案。之后，刘昌明继续在资料稀缺流域水文预测道路上砥砺前行，产出西藏的山洪预警成果。

从国内外来看，西藏是水文气象资料最稀缺和典型的区域之一，120万平方千米的土地面积上国家级水文测站不足20个，平均单站控制面积是东部地区的60倍左右[2]。因此，在西藏开展稀缺资料流域水文计算研究在国内外均具代表性。经历了多次山洪袭击之后，2011年西藏决定紧急开展山洪预警水情预报项目，并把这个任务交给刘昌明团队。

刘昌明团队接到这个任务后，立刻组织人员，包括中国科学院地理所的白鹏、王中根、刘苏峡、刘小莽、梁康、桑燕芳、李军、王月玲等，北京师范大学的杨胜天、刘慧平、王国强、叶爱中等，浙江贵仁科技有限公司的桂发二、罗源等，以及众多研究生，投入山洪预警水情预报项目。

西藏地区洪峰流量资料匮乏，水文测站主要分布于雅鲁藏布江干流及

---

[1] 刘苏峡，刘昌明，赵卫民. 无测站流域水文预测（PUB）的研究方法,《地理科学进展》. 2010，29（11）：1333-1339.

[2] 刘昌明，白鹏，王中根，等. 稀缺资料流域水文计算若干研究：以青藏高原为例.《水利学报》，2016，3：272-282.

其主要支流，中小流域基本没有数据，而中小流域往往是洪灾多发地区，每年都会造成较大的人员伤亡和财产损失。洪水调查是弥补洪峰观测资料不足的重要手段，刘昌明等参考西藏境内定点洪水调查资料，识别了对洪峰流量区域分布影响显著的流域特征因子，构建了区域洪峰流量推求方法。该方法可直接根据流域的属性推求稀缺资料流域的设计洪峰流量。

基于逐步回归分析法，刘昌明等对西藏包括流域面积、河长、河流比降、多年平均降雨量、平均海拔五个流域特征值进行筛选，剔除不显著的流域特征因子，建立最优的回归方程。剔除多余变量后，建立了西藏地区百年一遇设计洪峰流量与流域面积和降水量的回归方程。该方程计算的洪峰流量与调查成果之间的确定性系数 R^2 达 0.89。

基于所构建的回归方程式，绘制了青藏高原稀缺资料流域的百年一遇设计洪峰流量查算图，该成果已经提交给西藏自治区水文部门使用。

洪峰流量是重要的工程参数。基于实测流量资料推求设计洪水需要 30 年以上的洪峰观测数据[1]，然而西藏地区洪峰资料往往不足 30 年，洪水频率分析方法在西藏地区应用受到限制。虽然水文测站实测洪峰流量（IPF）资料短缺，但却有按水位记录整编的日平均径流资料（MDF）。

刘昌明等研究了西藏自治区 14 个水文测站 IPF 与 MDF 的关系，基于二者的比值关系推求的洪峰流量数据误差在 10% 以内。相比于我国中东部河流，雅鲁藏布江流域的 IPF/MDF 比值要明显偏小且更加稳定，展示了在西藏基于二者稳定的比值关系推求的洪峰流量数据的可靠性。

刘昌明等构建了西藏主要水文站 IPF/MDF 与流域面积的回归关系，基于构建的回归关系和长序列的日径流资料，拓展了洪峰流量序列。在雅鲁藏布江 3 个典型流域（日喀则、唐加和工布江达）的应用结果表明，该方法推求的年最大洪峰流量值误差小于 10%，表明该方法是一种延长洪峰流量序列的有效方法。

这一计算方法与前述刘昌明构建的无测站小流域洪峰流量成因推理计算方法不同，其新意在于用实测日流量估算洪峰流量，在青藏高原稀缺资

---

[1] 郭生练：《设计洪水研究进展与评价》，北京：中国水利水电出版社，2005.

料流域洪峰流量计算应用是首次。

除了上述刘昌明团队在青藏高原缺资料地区的研究成果外，研发工作还包括：①提出了资料稀缺地区临界雨量推求方法，用于推求资料稀缺地区暴雨洪水的临界雨量。②研发了具有清晰物理机制，适应于西藏的河流编码技术，实现了河网拓扑关系新的构建，通过嵌套耦合定制了西藏分布式水文模型，用于突发性山洪预报。③基于云计算、大数据管理等IT技术，研发了西藏突发性山洪水情预报预警系统与决策技术平台。④提出了一种资料稀缺地区山洪风险图编制新方法。考虑资料稀缺地区数据获取难的问题，开展了遥感驱动的山洪模拟、洪水淹没估算、山洪易损性统计和转移安置多目标评价，提出了一种面向资料稀缺地区山洪风险图编制新技术方法，完成了西藏自治区县、乡、村级暴雨山洪危险性、风险性和安全转移安置区的评价与制图工作。

研发 HIMS 模型

观测数据是水文学研究和发展的基础。社会经济的快速发展给水文学研究不断带来新的机遇和挑战，但是可供水文理论创新与实践研究的基础资料往往不足。稀缺资料情况下的水文学研究自始至终是创新性的任务，内涵十分广泛，囊括宏观与微观水文研究的方方面面。在西藏稀缺资料流域成果属于流域降水径流多种时空尺度的水文计算，数据资料的缺乏是青藏高原的水文计算的一大难点。刘昌明研究团队迎难而上，选择多种技术以攻克难关，取得了一些初步的进展。特别是基于自主研发的 HIMS 系统，加入融雪径流模块，结合遥感资料，定制了青藏高原多种时空尺度下的降水径流模型，提高了模型模拟精度，在此基础上有效地利用云计算和大数据管理等 IT 技术，研发了西藏高原突发性山洪水情预报预警技术平台。多项进展成果为解决稀缺资料流域水文计算问题提供了新的技术支撑。

HIMS 系统是刘昌明领衔的团队开发的拥有自主知识产权的流域水循

环综合模拟系统，可针对水资源、水环境、水生态、水灾害和水管理等问题进行多时空尺度的综合模拟。HIMS系统水文函数库集成了110多个水文计算函数，具有水文模型定制功能。允许用户根据研究流域的水文特征、研究目标和数据状况等，选择水文计算方法进行水文模拟和分析[1]。

采用的卫星降水数据评估卫星遥感产品在缺资料流域长序列径流模拟中的适用性。展示了遥感降水数据能够弥补地面观测降水数据的缺乏，在青藏高原稀缺资料流域水文研究中具有应用前景[2][3]。

水文模型参数移植法是解决稀缺资料流域水文计算的重要方法之一，刘昌明等开展了在大流域率定的水文模型参数是否可移植到其子流域进行径流估算的问题。他们针对雅鲁藏布江一级支流拉萨河和尼洋河，通过定制的HIMS模型，分析了由大流域向其子流域进行参数移植的可行性。研究结果证明，在流域面积相差1.5倍的范围内，将大流域率定的模型参数移植于其子流域是可行的[4]。还以怒江和澜沧江上游的嘉玉桥和昌都流域为研究区，采用HIMS模型开展了可利用水量的研究[5]。

水循环是地球表层最为复杂和高度动态变化的过程之一，水文要素伴随水循环随时随地变化。在当今不断加剧的气候变化与人类活动影响下，大部分原来平稳的水文现象不再平稳。已有的水文资料失去一致性是PUB研究面临的新问题，需要重新审视以往的水文资料性质，探索新的资料稀缺地区水文研究理论方法和技术。例如，挖掘环境载体（树轮、冰芯和地质）中的信息重建青藏高原历史降水和温度的变化，应用于水文相关研

---

[1] 刘昌明，王中根，郑红星，等. HIMS系统及其定制模型的开发与应用.《中国科学》：E辑，2008，28（3）：350-360.

[2] 刘昌明，白鹏，王中根，等. 稀缺资料流域水文计算若干研究：以青藏高原为例.《水利学报》，2016，3：272-282.

[3] Wang S, Liu SX, Mo XG, et al. 2015. Evaluation of remotely sensed precipitation and its performance for streamflow simulations in basins of the Southeast Tibetan Plateau. Journal of Hydrometeorology, 2015, 16: 2577-2594.

[4] 刘昌明，白鹏，张丹，等. 基于HIMS的稀缺资料地区径流估算 // 中国水文科技新发展——2012中国水文学术讨论会. 2012.

[5] Liu SX, Ding WH, Liu CM, et al. Estimating water availability across upper Salween and Mekong River Basins. In: Remote Sensing and GIS for Hydrology and Water Resources, IAHS Publ, 2015, 368: 343-349.

究。未来的青藏高原资料稀缺地区水文研究应加强地面观测、卫星遥感反演和水文模拟技术的结合，不断提高对青藏高原水循环过程的机理认识、观测技术和数值模拟水平，从而更好地服务于我国稀缺资料流域水文实践的需要。

创建北师大水科院

北京师范大学（以下简称北师大）水科学研究院的前身是地理系，当时开设有水文水资源的课程。后来成立环境学院后，把刘昌明请到该学院做研究，刘昌明开始在环境学院里大力发展水文水资源学。

2002年，北师大成立了环境学院水科学研究所，这是全国第一家专门研究水科学的研究所。当时水科学研究所人员不多，以水文水资源的几位老师为主，刘昌明任所长，徐宗学任副所长。在这之前，徐宗学在日本工作，刘昌明去日本开了几次会，和徐宗学谈了很多次，表示希望他能回到国内，为北师大水文水资源学科的发展作贡献。徐宗学回国后受到刘昌明的委托，撰写水科学研究所的未来规划，包括专业的设置、人才的培养等。

据徐宗学回忆，早在20世纪80年代，全国开设水文水资源专业的院校并不多，只有河海大学、南京大学等几所，2003年他从日本回国时，全国就已经有43所院校开设了水文水资源专业，可谓是强手如云。于是，北师大究竟该怎么办出特色，是他们当时一直思考的问题，当时徐宗学经常晚上到刘昌明家里和刘昌明讨论办学问题。由于刘昌明的学科背景是地理学，而徐宗学的学科背景是工学，所以两人从工学到理学全方面地分析了北师大办学的可能性。由于当时北师大不像河海大学、武汉大学有很好的实验条件，北师大实验条件、地方都有限，不适合开展工学的研究。于是，徐宗学和刘昌明达成共识，认为北师大应该着眼于水科学的理论基础研究。

随着学科的发展，到了2005年，北师大水科学研究院（下文简称水科院）正式成立，主要研究方向是水文水资源。一开始主要研究地表水，后来也注重地下水的研究。

讲到北师大水科院的成立，就不得不说"3×11"的故事。据徐宗学回忆，第一个"11"是当时在成立北师大水科院的时候，全院总共只有11位老师，包括刘昌明和林学钰两个院士在内；第二个"11"则代表110万，当时水科院从环境学院分离出去，从环境学院争取到了110万的科研经费；第三个"11"是北师大水科院成立时，由于当时的学生是从环境学院入学的，需要把研究的方向属于水科院的学生调到水科院，水科院从环境学院分得了11个学生。这三个"11"事实上就代表着北师大水科院成立时的家底，后来刘昌明也把这三个"11"称为水科院"打下江山"的11条"枪"，这也深刻地反映出当时刘昌明他们创建北师大水科院的艰辛，但从水学科的发展来看，这是北师大水科学迈出的一大步。

2005年元旦期间，徐宗学和水科院王金生、王红旗、丁爱中等几位老师都没有休息，在一起规划学校刚刚分配给他们的科技楼里的五十几平方米的几间房该怎么装修。这几间房也算是北师大水科院最早的"根据地"了。

据徐宗学回忆，北师大水科院刚成立时非常不易，但后来在刘昌明的领导下，发展令人非常欣喜。这十几年来，北师大水科院可以说是跨越式发展，承担的项目包括国家水专项、水十条和海绵城市等项目，为国家水科学的发展贡献了关键力量，同时培养的学生就业率也接近100%。目前，北师大水科院的教职工有50多位，学生达300人。

平台建设方面，2009年，水科院在与中国地质大学、吉林大学等地下水传统强校的竞争中脱颖而出，成功申请建立了教育部"地下水污染控制与修复工程研究中心"。2016年，经过两轮激烈会评和现场答辩，水科院又成功申请建立了"城市水循环与海绵城市技术北京市重点实验室"，这也是全国第一家有关海绵城市的省部级实验室。2019年，北师大水科院申请水利工程一级学科到公示阶段，这也是水科院发展的一个重要里程碑。

如今，在刘昌明的带领下，经过多年的发展，北师大水科院聚集了一

图 11-4　2019 年 8 月 28 日，刘苏峡（左二）采访北京师范大学水科院第一届毕业生程磊（右二）、党素珍（右一）、李占杰（左一）（刘苏峡供图）

批从事地表水与地下水、水量与水质、水生态与水环境研究的知名学者，组建了多支具有良好素质和创新能力的教学与科研团队，并在科学研究、学生培养、社会服务等方面作出了积极贡献。经过多年的发展，水科院得到了社会各界的广泛认可与支持，形成了积极探索、勇于创新、团结进取的优良院风。

较早倡导生态水文研究

生态水文研究是刘昌明对地理水文作出的重要贡献，这个研究领域也贯穿他 20 世纪 90 年代以后的学术研究生涯。刘昌明所倡导的生态需水量作为一个通用性的概念，对维持水量平衡、促进区域平衡发展、推动水资源的可持续利用具有重要作用,他还不断与时俱进,创造性地开拓了生态水文动力成因的研究,提供了生态水力半径法计算河道内生态需水量的科学方法,这是他整个学术生涯中系统性和宏观性思想的重要体现。

再回到本书在南水北调一章中提到的"中美地理学术交流的破冰之旅",1977年,中美关系破冰之前,由十位美国科学家组成的访问团来到中国做民间访问,刘昌明参与了这次学术交流活动。访问结束后,美国科学家感觉这次中国之行的学术交流活动非常好,也相应地筹款邀请中国有关人员去美国参与学术交流。刘昌明回忆,当时由于中国与美国之间还没有外交关系,只能通过联络处联系,由美国俄亥俄州的科学院对中国科学院开展民间形式的交流。美方邀请了包括刘昌明在内的十位中国地理学家去美国访问。"时间是1978年的9月20日出发,回来已11月初,一共是6个星期",提到当年首次去美国学术交流,刘昌明对时间

图 11-5 1978 年 9 月 20 日至 11 月初,刘昌明(后左一)与黄秉维(前左三)、吴传钧(前左一)等 10 位中国地理学家在美国合影

节点记忆犹新。

当时，刘昌明他们的访问团在美国召开了多次会议，其中一次会议在密歇根。这次会议是中美学术讨论会，大家踊跃发言。当时美国一位叫怀特的院士主讲二氧化碳。1978年，对于全球变化以及碳排放的提法才开始。于是，从气候变化开始就有了生态问题。参会的刘昌明觉得，生态可以近似地看成大自然。从演讲中受到启发，刘昌明萌生了从自然生态方面去思考水文和地理的想法。

结合多年水文实地考察的经历，刘昌明对水文生态的认识也逐渐深刻和完善。"大水出好河"是刘昌明谈到洪水时提及最多的一句话。在学术上坚持"一分为二"思想的他认为，洪水在引起水灾、造成流域沿岸人员和财产损失的同时，也能改善自然环境和生态，并产生促进作用。比如，洪水以后，河道中淤积的泥沙能够得到彻底冲刷，是河流自然清淤的方式之一，同时河道冲刷带来的淤泥也会极大地肥沃中下游两岸的土地。

早期对水文的认识和理解，使得刘昌明能够从水文的视野来看人与环境的关系。从生态学上看，人与环境的关系实际上是人与自然的关系。生态既研究生物生长的环境、生物与环境的关系，又研究生物与生物之间的关系。正是随着阅历和经验的积累，刘昌明才会有对生态与环境关系全面的认识。

在刘昌明看来，生态水文中的水主要有三个作用：一是生命水源，二是生态之需，三是生产资料，生态水文就是研究水的生态之需。水和生态之间有着密切的关系，这是由于生态的组成部分包括生物，水既是人的生命资源，也是一切动植物的生命资源。地球上动植物的生存依赖于水资源。此外，水既是一种基础的自然资源，也是经济社会的战略资源。因此，研究生态水文对维持生物圈的正常运作、促进人类社会的发展具有重要意义。

值得一提的是，刘昌明倡导的生态水文研究与国际研究基本同步。1999年，英国国立水文所改成"生态水文和水文学研究中心"，把"生态水文"四个字放在最前面的位置，显示了生态水文的重要地位。2000年，

SCI 杂志 Ecohydrology 刊发，也把生态放在水文之前，进行生态水文研究，刘昌明曾任这本期刊的国际编委。

刘昌明一直强调生态水文作为一个词组，中心词一定是围绕水文，形容词是生态，也就是说要围绕生态来研究水的问题。可持续的发展关键是把对生态的修复或者保护作为水资源可再生、可持续利用的一个重要方面。河流影响生态的水要素，主要包括水位、流量、流速，水的温度、盐度等。再如，水文的过程，河流的流量、水位、流速大小一年四季都是变化的。生物需要能适应这种水文的变化，那么研究这个关系就是生态水文的主要任务之一。

一般来说，生态水文研究大致上分为陆生和水生两大类。陆生又分两方面，一方面是植物，包括森林、草地、灌丛等；另一方面是动物。由于在生态系统中植物是生产者，动物是消费者，所以没有植物，动物也没法存在。水生包括了水生植物、水生动物等，这些动植物有底栖的、浮游的，有深水领域、浅水领域等。

刘昌明对于生态水文研究的创新之处在于打破了原来意义上的生态学概念。生态学原来强调的是生物与环境的关系、生物与生物之间的关系。刘昌明创新性地明确和拓宽了生态水文的研究对象。他认为，生态系统中的生物体以及它们和水的关系问题就是生态水文的研究对象。从生态的角度，甚至包括生物对环境的响应，不管是水生生物还是陆生生物，对水的这种关系都应该包括其中，这才是真正意义上的生态水文研究。

生态需水量曾是刘昌明在生态水文领域研究的中心问题，也是刘昌明生态水文研究中比较早期的关注重点，生态需水量研究的背景在于需要客观考虑水资源的合理配置、承载能力因素。这个研究领域一直延续到现在，具有极强的应用性。

2000 年前后，在国内经济高速发展的背景下，生态环境恶化问题日益突出，水污染严重。此外，水资源紧缺、土地荒漠化等问题对国家的可持续发展产生不利的影响。在这样的背景下，生态环境保护在国家政策制定和学术研究上都被逐渐放在重要位置。

1999年，刘昌明在《中国水利》杂志发表了"中国21世纪水资源供需分析：生态水利"一文，从理论出发，联系实际，阐明了生态水文学中的应用问题，提出了"四大平衡"的概念：水、热（能）平衡，水、盐平衡，水、沙平衡，水量平衡与供需平衡。对生态系统的研究来说，物质与能量的交换与传输规律是生态学研究的物理学基础，而水、盐平衡则涉及生态学研究的化学基础问题。

在刘昌明看来，水量平衡和水量供需平衡，是需要联系区域水资源自然背景（区域水量平衡固有结构）及其与经济社会和生态环境的综合性问题。

2002年，刘昌明通过实地考察并通过实验提出，生态需水量根据生态系统对水的需求，以及其对水的利用与消耗可分为三种类型：生态固有的需水量、实际供给生态系统的生态用水量和表征生态用水量的消耗量的生态耗水量。

在流域的生态需水量计算方面，刘昌明提出了相应的理论方法。他认为，流域生态环境需水量主要分为河道内需水与河道外需水两大部分。协调好"三生"（生产、生活、生态）之间的需水关系，才能保护好人类生存的环境，使有限的水资源得到可持续利用。新世纪开始，生态（环境）需水的研究进入一个蓬勃发展的时期。生态需水在一些文献中也被称作环境用水或生态与环境用水、生态流量等。

刘昌明认为，研究生态（环境）需水，主要是为了实现人类与自然的和谐，避免人类的生产、生活挤占生态系统的用水，实现流域水资源优化配置，进而为实现流域生态系统可持续发展提供科学依据。

生态水文的思想一直萦绕在刘昌明头脑中，他越来越深刻地意识到生态与水文结合的必要性和紧迫性，他认为人水和谐是水资源可持续利用的基础，准确评价河道内生态流量是实现人水和谐的关键环节。他与刘苏峡、门宝辉等人，为计算南水北调西线最大可能的调水量，尝试了国内外多种已有生态需水计算方法[①②]。提出了解析湿周法[③]和"习变法"[④]。与门宝辉、刘晓燕、宋进喜、赵长森等人合作发展了适合中国河流特点的"生态水力半径法"[⑤⑥⑦⑧]。新方法考虑了不同生命周期内关键水生物对水量、水动力因子的需求，从水量平衡、水沙平衡、水盐平衡及生态系统完整性和健康层面综合计算生态流量。

海阔凭鱼跃、天高任鸟飞，溪流潺潺、水质清洁、人水和谐才是社会经济可持续发展的基础。国务院发布的"水十条"（国发〔2015〕17号）提出了控源截污、生态修复、科学确定生态流量、整治黑臭水体、加强河湖水生态保护、提高水生生物多样性等多项目标。刘昌明紧紧围绕这些国家重大需求，以国家社会经济可持续发展为己任，与赵长森等人合作提出改进的"生态水力半径法"为科学确定生态流量，为国家重大需求和目标的实现提供了具有中国特色、符合中国国情的理论和方法技术。传统生态需水估算方法多基于自然河流，对水文、生态等监测资料要求过高，难以正确反映生态系统对水量、水质的综合需求，在人类活动剧烈地区或者生态水文资料缺乏地区无法应用，成为区域生态恢复的瓶颈。改进后的"生态水力半径法"吸收了遥感技术、生态学等经典方法，不仅将低空无人机技术与地面水生态调查的鱼类数据密切联系在一起，还耦合了水环境容量与河流生物对污染物的耐受能力，成为一种方便、快捷确定生态流量的方

---

① 门宝辉，刘昌明，夏军，等. R/S分析法在南水北调西线一期工程调水河流径流趋势预测中的应用，《冰川冻土》，2005，27（4）：568-573.

② 门宝辉，刘昌明，夏军，等. 南水北调西线一期工程河道最小生态径流的估算与评价.《水土保持学报》，2005，5：179-181.

③ 刘苏峡，莫兴国，夏军，等. 用斜率和曲率湿周法推求河道最小生态需水量的比较.《地理学报》，2006，61（3）：273-281.

④ 刘苏峡，夏军，莫兴国，等. 基于生物习性和流量变化的南水北调西线调水河道的生态需水估算，《南水北调与水利科技》，2007，5（5）：12-21.

⑤ 门宝辉，刘昌明：《河道内生态需水量计算生态水力半径模型及其应用》。北京：中国水利水电出版社，2013.

⑥ 刘昌明，刘晓燕. 河流健康理论初探.《地理学报》，2008（7）：683-692.

⑦ 刘昌明，门宝辉，宋进喜. 河道内生态需水量估算的生态水力半径法.《自然科学进展》，2007，17（1）：42-48.

⑧ 赵长森，刘昌明，夏军，等. 闸坝河流河道内生态需水研究——以淮河为例.《自然资源学报》，2008（3）：400-411.

法，方便指导基层河流管理人员调度河流水量、控源截污，保障河流生物对水量、水质的需求，消灭黑臭水体，逐步修复受损的水生态系统。

厘清生态与环境

彼时，已故中国科学院院士黄秉维（五届全国人大常委会委员）在全国人大讨论宪法草案时，针对草案中"保护生态平衡"这一说法提出"生态环境"一词。他当时认为"保护生态平衡"不够确切，建议改为"保护生态环境"。他的建议在政府报告和宪法中都被采用，"生态环境"从此成为法定名词。在这之后，黄先生发现这个提法不太恰当，并在自己的文章中明确"顾名思义，生态环境就是环境，污染和其他的环境问题都应包括在内，不应该分开，所以我这个提法是错误的。""我觉得我国自然科学名词委员会应该考虑这个问题"。

刘昌明和黄秉维共事多年，是师生、同事，也是亲密无间的合作伙伴。黄秉维坚持实事求是的原则和严谨的科学态度，一直让刘昌明记忆深刻，并且对他十分敬重。刘昌明每次提到黄秉维勇于承认在"生态环境"概念中将"生态"与"环境"合并使用一事的责任，就会对他赞赏一番。在黄秉维晚年，刘昌明是与他交流最多，最了解他的学术想法的人。

刘昌明在文章中对黄秉维认为"生态环境"这个提法错误的原因进行了转述。从严格的科学系统观点看，尽管生态学与环境学存在着联系与交叉，但是有区别的。据《中国大百科全书》（以下简称《大百科》）："生态学是研究生物与环境及生物与生物之间相互关系的生物学分支学科"。该书对环境科学的定义是："研究人类生存的环境质量及其保护与改善的科学"。对环境的定义是："围绕着人群的空间及其中可以直接、间接影响人类生活和发展的各种自然因素和社会因素的总体。""按环境主体可分为以人作为主体的人类生存环境和以生物为主体（不把人以外的生物看成环境要素）的生物界生存环境；在环境科学中，多数人采用前者，而在生态学中，往往采用后者。"对于"生态",《大百科》中未列词条；对于"生态环境",《大百科》的定义是："环绕着人群的空间中可以影响到人类生活、生产的一切自然形成的物质、能量的总体。"这个定义与书中关于"环境学"和"生态学"的定义显然有矛盾，因此，在定义后加了一句："又称自然环境。"

由以上各项说明可见，"生态"是与生物有关的各种相互关系的总和，不是一个客体，而环境则是一个客体，把环境与生态叠加使用是不妥的。"生态环境"的准确表达应当是"自然环境",《大百科》中将"生态环境"译为"ecological environment"，是中国人的造词，未见于国外的科学著作。同时，"生态环境"所要表达的"自然环境"，是广义环境的一部分，还不能包括全部环境问题，例如，不能包含人类活动造成的某些污染问题。因此，将"生态环境"译成外文时，一般只能改译为"生态与环境"。

钱正英、沈国舫两位院士对刘昌明的想法非常认同。后来，刘昌明联合钱正英、沈国舫，建议逐步改正"生态环境建设"一词的提法。他们在建议中提出，我国现在常用的"生态环境建设"一词，与国际用语不接轨，如果直译成外文，不能为国外科学界理解。在他们看来，生态学和环境学都非我国首创，引用这些词还宜以世界公认的定义为准，避免交流困难，建议逐步改正。

积极倡导海绵城市研究

城镇化是人类发展的必然过程，是体现国家经济发展的重要标志。截至2013年年底，我国城镇化水平已从改革开放初期1978年的17.9%提高到53.7%。

我国相当多的城市不仅面临缺水问题，还面临雨洪内涝与污水蔓延，城市不透水面积增加，雨洪调蓄功能降低，排水防涝缺乏系统规划、标准体系不完善、设施建设滞后、重建轻管、河湖水系被随意侵占、生态退化等问题。随着我国城镇化发展速度加快，全球气候变化对城市的影响正日益显现，极端天气越来越多。2008—2010年，全国有62%的城市发生过不同程度的内涝，其中内涝灾害超过3次以上的城市有137个。

面对城镇化建设中出现的城市内涝重大新型问题，2013年12月，习近平总书记在中央城镇化工作会议上明确指出，"在提升城市排水系统时要优先考虑把有限的雨水留下来，优先考虑更多利用自然力量排水，建设自然积存、自然渗透、自然净化的海绵城市"。随后国家出台了《国务院关于加强城市基础设施建设的意见》《国务院办公厅关于做好城市排水防涝设施建设工作的通知》等多项政策和建议。2014年10月22日，住房和城乡建设部正式印发了《海绵城市建设技术指南——低影响开发雨水系统构建（试行）》，以指导各地海绵城市的建设。2015年4月，经过各城市努力，国家首批海绵城市建设试点城市名单确定。城市水问题其实也是所有水文人一直关心的问题。海绵城市建设工作的落实，刘昌明很高兴。为了给国家海绵城市建设出谋划策，刘昌明以城市水文的理论，多次对海绵城市建设及技术问题进行指导。

在首批海绵城市建设中，刘昌明的博士生陈利群承担了常德海绵城市建设的工作，包括专项规划、技术咨询、系统方案，刘昌明多次亲自鼓励和指导常德海绵城市的工作。2016年，刘昌明特意派王中根带队去常德指导工作；2017年，刘昌明不顾常德交通不便，和中国水利规划总院李宗礼、地理所张永勇、北师大赵长森等专家一起亲自指导海绵城市工作，现场考察黑臭水体治理、院落小区建设，每个点都亲自仔细查看。在学术研究方面，刘昌明主持的中国科学院重大课题也将海绵城市列为重点研究对象。

迄今，全国已有30座城市成为全国海绵城市试点，共有130多个城市制定了海绵城市建设方案。目前，海绵城市建设已成为我国城市化进程中的一项重要战略，而刘昌明关于海绵城市的研究将一直在路上。

第十二章
国际交流与国内外荣誉

担任访问罗马尼亚的俄语翻译

凭借苏联留学经历,加上勤奋好学,刘昌明成长为同行中出名的俄语通。1974年9月,刘昌明作为地理所的水文地理研究室领导小组副组长,接到中国科学院的通知,担任访问罗马尼亚的地貌室领导小组副组长沈玉昌副研究员的翻译,一起同行的还有从苏联留学取得博士学位回国的龚国元。据刘昌明回忆,他们一行主要考察了多瑙河流域的喀尔巴阡山脉的喀斯特地貌,了解了罗方建立的一些水文地貌模型和计算方法,并参观了和苏联标准高度一致的气象站的雨量筒和蒸发皿。在此次访问中,罗马尼亚与我国签署了一系列水文地貌的交流计划。通过与罗马尼亚的国际交流活动,在一定程度上促进了国内水文学的发展进步。

当选 IGU 副主席

国际地理联合会（IGU，International Geographical Union），是世界各国地理学术团体联合组成的学术性组织，于1922年在布鲁塞尔正式成立。IGU 的宗旨是推动国际间合作与交流，开展学术讨论与研究，组织国际学术会议与出版刊物，对有特殊贡献的地理学家授予桂冠荣誉奖状（从1976年23届大会开始）。联合会下设若干专业委员会和研究组，分别负责组织有关专业学术活动。中国于1949年4月加入国际地理联合会。

IGU 是国际科学理事会（ICSU）26个国际科学联合会会员之一，是世界上最大、最具权威性的地理学术团体。IGU 成立以来，每四年组织召开一届国际地理大会，使国际地理学大会成为国际地理学界影响最大、水平最高的国际盛会。

图 12-1　2004年1月19日，刘昌明（右一）在威尼斯与国际地理联合会执委合影

1988年在悉尼召开的第26届国际地理大会上，吴传钧院士当选为国际地理联合会副主席，并连任2届。2000年，在汉城（今首尔）召开的第29届国际地理大会上，通过90多个会员国的投票，刘昌明院士当选为第二位中国籍的国际地理联合会副主席。

创立 IGU 研究组

1990年，国际地理联合会区域大会在北京召开，外宾来了一千多人，是改革开放以后的一次盛大的国际会议。刘昌明趁着开会期间，联系了日本、加拿大等国众多研究水文的专家学者，倡导设立"区域水文对气候变化响应研究组"，是当时首次在我国设立的国际地理联合会的组织。经过半年的筹备，并经执委会批准，"区域水文对气候变化响应国际研究组"正式成立，作为国际地理联合会的二级组织，加拿大、日本、美国、英国、马来西亚、澳大利亚、中国等国当时正式参加。刘昌明任主席，西方一些著名学者作为副主席，如加拿大的胡明高、美国的孔祥德。

区域水文对气候变化响应研究主要涉及以下几方面：区域降水量的变化，地表径流对气候变暖的响应，水质、温度升高对区域水环境容量的影响，海平面温度升高、海水碰撞及极地高寒冰川的大量融化导致海平面的变化，冰川与内陆湖的消长，全球性增温导致区域土壤蓄水状况的改变，地下水资源的变化，自然环境与社会经济系统的响应。

气候变化对区域水文的影响，包括水温、气温呈现明显的不规则性，造成大气环流异常，明显影响全球或区域的降雨量、蒸散发量、河川径流量、土壤蓄水、地下水、冰川进退、湖泊扩缩、水质等多种水文水资源要素。

由于在地理环境中水是最为活跃的因素之一，水循环不仅参与地球表层各圈层的各种过程，促进各圈层之间相互联系，而且是许多地理现象形成与地理过程演变的重要条件，在地表形态与生命过程中具有巨大的作用，因此，这一研究的提出受到了IGU执委的关注并给予了热情的支持。

执委会批准这一研究组织，使国际上区域水文与气候变化关系的研究得以深入开展，对于在未来全球变暖状况下水资源分布、区域水资源科学调控与使用、区域经济发展具有重要意义，而且推动生物圈，包括人类活动、地圈、水圈、大气圈、岩石圈之间相互作用相互影响的机理研究，并促进国际地圈生物圈计划中的物理-化学-生物过程的跨学科研究。

以刘昌明为代表的中国学者在水文与气候变化关系的研究，在国际学界也有着举足轻重的地位，他们积极参加气候变化相关会议，力图通过水文与气候变化之间关系的研究，来减少气候变化带来的影响，同时寻找解决办法以适应气候变化带来的变化。

在刘昌明的率领下，气候变化与水文关系的研究得以创新发展，不仅推动了学科的进步，也培养了一大批气候变化研究的骨干学者，并且出版全球气候变化研究的著作。

刘昌明和其他三位国际学者一起主编了 Regional Hydrological Response to Climate Change 一书。该书是国际地理联合会区域水文对气候变化响应国际研究组在刘昌明教授（1992—1996）主持下的工作的集中展示。该书主要由研究组在华盛顿（1992年）、拉萨（1993年）和莫斯科（1995年）举行的三次科学会议上发表的同行评议论文组成。该书提供了气候变化的有价值的证据，介绍了当时几乎没有进行详细考察的世界部分地区对未来水文影响的预测。

定期印发 News Letter 是专业委员会编著出版书籍外的另一项重要工作。傅国斌当时作为刘昌明的助手，一起参与了整个组织的建立过程。

现在，区域水文对气候变化响应国际研究组有着来自全世界的成员，这些成员大多在学术上享有名气，而且参加了 IGU 活动。

当选 IAHS-PUB-CHINA 学术指导委员会主席

刘昌明在无资料流域水文预测中的应用得到国际组织的认可，推动了资料稀缺地区水文研究的发展。中国科学院与清华大学等有关单位于 2004 年共同负责组建了中国 IAHS-PUB-CHINA 国家委员会，刘昌明当选该委员会科学委员会主席，夏军当选执行委员会主席，刘苏峡当选秘书长。

该国家委员会先后于 2006 年在清华大学、2008 年在四川大学和 2010 年在中国科学院地理科学与资源研究所举办了三届 PUB 国际学术研讨会，刘昌明作为三届大会的名誉主席，推动了中国 PUB 研究走向国际。国际水文十年计划 PUB 结束以后，新的国际水文十年计划"Panta Rhei"于 2013 年正式启动。Panta Rhei 源于古希腊的著名哲学家赫拉克利特的名言。刘昌明为此计划找到了对应的中文古语"诸行无常，万物恒变"，指出该词准确描述了创新水文研究方法来解决稀缺资料问题的长期性与艰巨性。

图 12-2　2010 年 12 月 5—7 日，刘昌明（前中）与第三届 IAHS-PUB-CHINA 国际会议代表合影［前排左起刘苏峡、周成虎、夏军、黄铁青、Yasuto Tachkawa（日本）、John Pomeroy（加拿大）、刘昌明、郭生练、郝芳华、杨大文、刘志雨、苏芮（波兰）、马英，摄于北京］

胸怀中国水问题方略

刘昌明参与和主持了多个国家重大咨询。作为参与人，参与了 1997 年孙鸿烈主持的中国科学院国家"中国水问题出路"咨询项目，1998 年徐冠华主持的中国科学院"黄河断流对策"国家咨询项目，1999年中国科学院与中国工程院两院"长江洪水与防洪对策"咨询项目，1999年中国工程院主持的"中国可持续发展水资源战略"国家重大咨询项目，2002年中国工程院主持的"西北地区水资源配置生态环境建设与可持续发展"咨询项目，

图12-3　2003年9月3日，刘昌明在新疆伊犁河对西北水资源进行考察（右二起：王浩、钱正英、雷志栋、刘昌明等，刘苏峡供图）

2004—2005年中国工程院主持的"东北水土资源、生态与环境保护、可持续发展"咨询项目，2006年中国工程院、国家开发银行、江苏省委省政府主持的"苏北沿海地区产业综合开发战略"咨询项目，2006年张新时负责的中国科学院"新疆生态建设与可持续发展研究"重大咨询项目，2009年孙鸿烈主持的中国科学院"中国水问题"重大咨询项目，2010年李德仁负责的中国科学院"南水北调中线工程核心水源区生态经济可持续发展"重大咨询项目，2011年中国科学院院士工作局、中国工程院学部工作局、中国科协学会学术部、新疆维吾尔自治区科协的"天山南北院士行"科技咨询项目，2011年王光谦院士主持的"关于加强南水北调中线水源区水资源保护与管理研究的建议"的咨询项目，2011年"中国海陆交互作用带环境特征、相宜利用与学科发展"咨询项目、2013—2014年"我国中西部重点山区发展战略问题与对策研究"咨询项目，2017年崔鹏主持的"一带一路"自然灾害风险防范咨询项目，夏军主持的长江经济带重大战略问题研究咨询项目，陈发虎主持的"气候变化对三北防护林影响的战略研究"咨询项目。其中，刘昌明与王光谦联名于2011递交的"关于加强南水北调中线水源区水资源保护与管理研究的建议"，获得了温家宝总理的批复。

作为负责人，2005—2006年，刘昌明主持了中国科学院院士工作局、学部重大咨询项目"中国饮水安全与农业水资源战略"。2006—2007年，

图 12-4　2010 年 5 月 5 日，刘昌明（左四）在丹江口参加院士咨询项目野外考察（刘苏峡供图）

与汪集暘院士共同负责主持了中国科学院"新疆地下水地表水联合开发利用"重大咨询项目。2011 年，再次与汪集暘院士合作，主持了中国科学院"新疆洪水调控利用与地下水储备战略"重大咨询项目。2014 年牵头了"中国水安全保障的战略与对策"咨询项目。2016 年，主持了中国科学院院士咨询项目"基于低影响开发的城市水生态战略建议"，主持了"雄安新区水城共融建设战略咨询研究"项目，在中国科学院与工程院两院资深院士工作委员会"中国两个百年科技发展战略"中任民生组副组长。

此外，刘昌明提出了"供—需—耗—排—用—管"水资源管理新思想，主持了中国至 2050 年水资源领域科技发展综合路线图，他与何希吾合著的《中国水问题方略》被评为地理学优秀书籍。

一连串主持和参与的咨询项目清单，及胸怀国家水方略的思想和专著，像一个个音符，奏出刘昌明胸怀祖国的深情。

刘昌明于 2017 年获国家自然科学二等奖，2018 年获中国水利学会刘光文水文科技教育基金管委会授予的刘光文科技成就奖，2019 年获得中共

图 12-5　2017 年，刘昌明获国家自然科学奖二等奖

图 12-6　2019 年，刘昌明获得"庆祝中华人民共和国成立 70 周年纪念章"

中央国务院中央军委颁发的庆祝中华人民共和国成立 70 周年纪念章。

荣誉回馈社会

刘昌明把众多的荣誉看得非常淡，也非常谦虚。

河北省建立了一个"突出贡献奖"，也叫"省长特别奖"。2011 年，河北省科技厅评选"突出贡献奖"，通知各单位报奖。通知下来之后，石家庄所就和刘昌明商量，希望他申报该奖项。当时，孙宏勇是刘昌明的秘书，了解整个申报过程。他亲自撰写了申报材料，但刘昌明非常谦虚，不让单位申报。孙宏勇回忆，当时单位觉得如果刘昌明申报这个奖，成功的概率很大。如果得到奖，这不仅是对刘昌明工作的肯定，也是单位的荣誉，同时也是对单位的一种宣传，便于把成果推广出去。经过协商，刘昌

图 12-7　2011 年 12 月 28 日，时任河北省委书记张庆黎（左一）为刘昌明（左二）授河北省科技突出贡献奖

明最终同意申报"突出贡献奖"。

2012 年 3 月 23 日，78 岁的刘昌明走上河北科学技术奖励大会的最高领奖台。这是对他几十年来如一日致力于水文水资源领域的科学研究，对华北地区水资源分配和水利设施的总体布局等重大决策问题，特别是河北水资源高效利用和水利建设等方面作出的重要贡献的肯定；也是奖励他针对华北平原农业水资源匮乏，粮水供需矛盾突出的严峻形势，开展了农业资源高效利用理论和技术创新工作，发展了农业水资源高效利用的系统理论体系，倡导并组织了多个国家级节水项目在河北开展。

"我虽已年逾古稀，但仍将以不用扬鞭自奋蹄的精神激励自己，继续为祖国的科技事业发挥余热，继续为培养年轻一代科技人才做出努力。"在河北省科技奖励大会上，刘昌明激动地说。

刘昌明获得了 50 万的奖金，将一部分资助孙宏勇在南皮开展工作。南皮的盐碱地多，刘昌明支持孙宏勇把水盐平衡的研究项目做起来，做一套设施，形成一些固定的实验工作。

刘昌明还获得了河北省的个人贡献奖金 10 万元。在颁奖之前，他在后台听到了一个小女孩因家庭贫困而上学困难的事情，在领奖的时候就当场将奖金捐献给了这位女孩，并嘱咐她好好学习。

2021 年 5 月 15 日，逢刘昌明 88 岁大寿，他慷慨捐赠设立"刘昌明水科学发展基金"，捐赠仪式在北京举行。2023 年 5 月 7 日，由刘昌明水科学发展基金主办、北京师范大学水科学研究院承办的第一届"刘昌明水科学发展基金年会"上，共有 8 位获奖者，还有 1 位获奖者获得优秀工作者奖。

结 语

刘昌明院士在地学领域中倡导了水文水资源这一当今世界最受关注的热点研究，提出了具有特色的"地理水文学"研究方向，把工程科学与地球科学紧密联系，结合国家的重大需求，构建了中国地理水文学与水资源研究理论与方法基础，是我国水文领域具有广泛影响的学术带头人，享誉国内外。虽然他现在年事已高，已登耄耋，但仍然关心水文事业，参加水文学术活动，宛然学术生涯才刚刚开始。前文以时间顺序为主线，详细展示了刘昌明院士的学术成长发展特征，即以小流域暴雨洪峰、南水北调影响评价、华北节水农业为三大代表性成果，形成院士"成因观""系统观""区域综合观"的三足鼎立的学术发展模态。按照传记和采集要求，为了完整地呈现老科学家的成长成才与学术发展脉络，还有必要总结他取得成就的原因和要素，挖掘人才成长的一般规律。下面从个人因素和社会环境两方面来剖析成就刘昌明灿烂水文生涯的学术成长条件。

兴趣·责任·守时·高效

不容易达到期望的原因个个不同，但成功的原因个个相似。刘昌明的个人品质上突出地反映了与其他作出非凡成就的学者的共同的优秀品质。

这些兴趣和后天养成造就了刘昌明的凤毛麟角[①]。

兴趣　是成功之母。刘昌明生长在雨水丰沛的南方，上大学却是在干旱缺水的西北，这些特别的生活经历让刘昌明对水格外好奇，平添了他喜欢水，喜欢琢磨水问题。"水多了，远可观其景致，近可投身嬉戏，很好玩。可太多了，成了洪水，反倒可怕。我常想，要是能掌握水的运转规律，该有多好。"他这样说，他的水文生涯也是这样做的，一生都在为揭示水的运转规律奋斗。

责任　母亲的爱永远都像春雨般润物细无声。从刘昌明中学最出彩的"两连跳"，到他被评为院士这一学术界最高荣誉，这些光环与刘昌明自己长期以来的勤奋努力密不可分，也离不开他母亲的"馈赠"。即便刘昌明的母亲没有上过学，不识字，但她总是默默地把自己认为好的生活习惯和为人要善良的品质全部灌输给刘昌明，将自己一生的"修为"毫无保留地馈赠给了刘昌明。刘昌明的弟弟从四川大学毕业时，被分配到了贵州毕节。由于离家远、条件艰苦，他一度不想去。然而，刘昌明的母亲认为，国家的分配一定要服从，每一个中国人都应该有"舍小家为大家"的精神，这样国家才能繁荣昌盛。

对于母亲为自己所做的一切，刘昌明是看在眼里、记在心里。在刘昌明上大学期间，他发表第一篇文章后得到了56块钱的稿费。拿到稿费后，刘昌明没有大手大脚乱花，他深知母亲生活的不容易，把一半稿费都寄回家，补贴家用。

在北京生活操劳了十年后，刘昌明母亲的身体已大不如前，她选择了落叶归根，在刘昌明表弟的陪伴下，从北京回到了湖南老家，回到了自己出生的地方。1981年9月到次年10月，刘昌明作为访问学者赴美国亚利桑那大学访学，其间参加了在夏威夷檀香山举行的流域森林影响主题讨论会（1981年9月28日—10月2日）。就在刘昌明访问美国期间，刘昌明的母亲去世。由于担心刘昌明承受不了，妻子关威在事后才将母亲去世的消息告诉刘昌明。未能在母亲临终时侍奉，刘昌

[①] 黄秉维院士为刘昌明写院士申请推荐信的用语。

明悲痛欲绝。

如今，每当刘昌明去湖南老家扫墓，许多善良淳朴的乡亲都会到家里陪同刘昌明，因为大家都说他家的风水好，想来沾沾他家的福气，刘昌明听了这话也非常高兴，和老乡们相处也非常融洽。

刘昌明回老家扫墓时，见老家农田里用于灌溉的水渠年久失修，作为一个研究水的人，自然想着为家乡水利事业贡献一份力量。没有过多考虑，刘昌明直接捐了十万块给当地政府，用于支持水渠的修缮。对于刘昌明的捐款，当地政府和人民都非常感激。

这种打小就浸润在心底的责任感，赋予了刘昌明在工作中成功挑起大大小小的科研项目大梁的能力，每次都出色地完成了任务，获得了单位和地方的表扬。

守时 刘昌明的夫人关威回忆[①]道，刘昌明的母亲做事非常有条理，这种条理首先体现在对时间的严格把控上。什么时候起床，什么时候洗衣服，什么时候做饭，什么时候下农田干活，刘昌明的母亲都了然于心，并且非常"守时"。每天一旦到了吃饭的时间，桌上肯定会有饭菜，十二点开饭绝不会等到十二点十分，绝对不会让家人饿肚子，这是刘昌明的母亲对家庭的责任。在母亲的熏陶下，刘昌明从小就学会了安排好自己的生活，他总能掌控好自己的时间，做的每一件事都安排得妥妥帖帖，利用时间的效率也总是力求最大化，"守时"对刘昌明后来的科学活动产生了积极的影响。

高效 在大学期间，刘昌明总能在有限的时间内完成比别人多得多的任务。他不仅专业课成绩优异，课外活动也做得有声有色，到后来还能发表论文。虽然每件事都相当消耗精力和时间，但他都做得井然有序，学习效果也非常好、效率非常高。对效率的极致追求使得大学期间的刘昌明在学习上做到了事半功倍，这也是他成绩优异的重要原因。在后来的科研中，刘昌明总是运用高效计算设备的先锋，为的是追求更高的研究工作效率。譬如在北大讲学时把使用对数计算尺进行水文公式计算带进课堂，其

---

① 关威访谈，2019年5月5日，北京。资料存于采集工程数据库。

效率比查对数表要高很多。

勤奋·认真·爱琢磨

勤奋 在大学期间，刘昌明在安心就读地理专业后，立即争分夺秒学习，经常上厕所也离不开书本。刘昌明最早在石家庄培养的研究生，后来入选"万人计划"，也是科技部跨世纪的人才计划的沈彦俊[①]回忆说，他跟随刘昌明院士在地理所做了好多年的田间试验，当时作为石家庄农业现代化研究所所长的刘昌明身兼数职，非常忙碌，通常要熬夜，甚至通宵工作。当时栾城站作为研究所的下属分支，刘昌明每年至少要来栾城站4次，到地里亲自去查看，这给沈彦俊等众多学生留下很深的印象。刘昌明白天事务性的工作比较多，又因为是院士，在研究领域中和行业的权威的看法或观点都会请他去点评，经常参加会议。科研白天没干完，晚上就接着干。刘昌明自己说，晚上往往从8点开始到12点，要再干4个小时，相当于半个工作日。这也就是说，1天变成了1.5天。刘昌明的学生孙宏勇也初步估算了一下，1年按250个工作日算，刘院士的实际工作日是1.5×250，相当于375个工作日。刘昌明在节假日也不休息，按着365天算，其中把50个双休日——100天利用起来，每天1.5天的工时，合计是150个工作日的量。总计1年是375+150=525个工作日；这就相当于两个260个工作日。即，刘昌明在1年中干了2年的活儿。刘昌明总是对学生晚辈反复强调[②]，学习一定要舍得花时间，要勤奋，如果不花时间的话什么都学不会。因此，舍得投入大量时间勤奋学习是刘昌明取得好成绩的重要原因之一，也是他工作上取得斐然成就的基础。

认真 做事认真的品格也让刘昌明人生受益。他一遍一遍检查错别字，错了就用小白纸贴上再重写，最后提交的那篇字迹工整的、大三时就被发表的投稿，哪个审稿人舍得不看呢？他刚到中国科学院地理所工作就被科研生涯中重要的启蒙老师郭敬辉先生看中的，正是刘昌明的认真态度。在协助郭敬辉先生写书的过程中，刘昌明认真的工作态度和工整的字

[①] 沈彦俊访谈，2017年5月，北京。资料存于采集工程数据库。

[②] 刘昌明访谈，2018年5月4日，北京。存地同①。

迹，给予了刘昌明科研很大的优势和机遇。

沈彦俊还讲到刘昌明在石家庄农业现代化研究所带领学生做实验时一个关于认真的小故事。当时栾城站的条件比较简陋。他们在做蒸渗仪数据分析的时候，发现小麦季节日蒸耗损量最大能达到 10 毫米。沈彦俊把数据报告拿给刘昌明看。刘昌明看完之后，觉得测值好像太大了，按照经验，他觉得蒸发量为 10 毫米的这个数据有些可疑。沈彦俊却坚称没问题，因为他都检查过好多遍了。刘昌明马上给李宝庆和程维新（中科院地理所的老先生）打电话咨询，禹城站的蒸渗仪就是他们设计的。后来，测量数据经过多次检测证明确实是错的，进而又发现蒸渗仪本身的缺陷。在天气晴朗的时候，周围的裸地会传输给它很多的干热，使得它获得的能量远比净辐射要多。那之后，他们又连续做了一周观测，发现阴天的时候数据没问题，越是晴天越高，最后他们发现，是小环境没有做好。这段故事展示了刘昌明对工作认真和负责的态度。刘昌明当年的这些言传身教，对包括沈彦俊在内的学生们的影响非常大。直到现在，学生对观测数据也会花比较多的时间去分析。这种对于实测数据的重视严于检查的态度，学生们又传授给了自己的学生。

爱琢磨　刘昌明打小就喜欢琢磨，自学练得一手好字，自学学会了拉小提琴。到大学，对不懂或有疑惑的问题总爱刨根问底，自己购买植物生理学专业书对各种研究方法反复琢磨。在阳-安铁路沿线勘察期间，鉴于当时条件，复杂的水文计算都只能依靠拉计算尺、打算盘和手摇计算机，计算效率十分低下，刘昌明开创性地把他通过博览群书学到的诺模图引入水文计算，大大提高了水文计算的效率，受到当时中国水利水电科学院总工陈家琦的好评。

执　着

如果前述品格属于成功人士的共性，执着的禀赋可能属于刘昌明身上特有。刘昌明的母亲是个讲体面的人，对衣服、床单、被套上的污渍几乎是零容忍。据刘昌明的夫人关咸回忆，刘昌明的母亲就像个"洗衣机"，每天总是有洗不完的衣服，衣服粘上一点污渍都得洗，而家里的床单被套每隔两个星期就得洗。冬天气温低、水特别凉，也丝毫不影响刘昌明的母亲洗衣服，即使最后流着鼻涕，双手冻得通红也要洗完。

除了平时喜欢做一个"洗衣机"，刘昌明的母亲在生活中对卫生的要求标准也是一丝不苟。当然，有时候母亲对待卫生标准的"高质量要求"也有打偏的时候。那时刘昌明的大儿子刘昆刚刚出生，负起照料孙儿的"职责"自然不敢掉以轻心，对卫生的要求标准也达到了"史上最严"的水平。平时刘昆喝奶的奶瓶一定要清洗多遍，这还不算完，"史上最严"标准哪有这么宽松！洗完还得用开水煮，一定要杀完所有的细菌才算是"洁净"了。正是因为这种严格的卫生标准，让刘昆打小体质就比较弱，几乎每个月都会生病，而且常常一病就是一个星期甚至半个月。刘昆生病，刘昌明的母亲就常常去儿童医院买当时一种叫"清洁二号"的药物，专门用于治疗小孩儿的感冒、发烧和咳嗽，每次开3副，1副4角6，3副1元多钱就能把病治好。除了"清洁二号"之外，还有"至宝锭"和"妙灵丹"。这些治疗小孩儿感冒药的效果也很好，当时的价格都很便宜，1粒"至宝锭"只要3分钱，而"妙灵丹"也就4分钱。

刘昌明的母亲对"洁净"的事情这股执着劲儿似乎也遗传给了刘昌明。刘昌明在还不能走路的时候就特别执着，每次吃母亲乳汁的时候，刘昌明就像认准了似的只吃一边，这也让刘昌明母亲非常头疼。对夫人关威影响也很深，关威常说："不干不净，吃了没病"，这也成了关威不去医院看病的理由说辞。

20世纪70年代，服饰与今天有些不同，刘昌明家的衣服全靠母亲一人亲手缝制。刘昌明的母亲制衣的长处似乎也影响到了刘昌明。如今，刘昌明仍然喜欢穿着他自己设计的"猎装"。自己买布，找一个裁缝帮忙制作。"猎装"胸前分布4个大而深的兜儿，可以容纳钢笔和一些常用的小物件，设计这样大容量的口袋正是刘昌明服装上最重要的一点，因为工作时，总要带些东西放在兜里，而为了避免遗失，这种"猎装"是再合适不过了。不用上等的面料，也没有烦琐的结构，简捷实用。刘昌明有两件衣服给学生留下深刻印象，一件是常穿的灰色短袖衫，还有一件是浅绿色条绒布西装。西装至少穿了不下20年，现在出门还经常穿着在身。一个院士换件新衣服还成问题吗？但他这样的穿着更多是为了方便，或者是执着，他身上的衣服总是会穿很多年，哪怕家里有质量更好、更"时髦"的衣服他都不感兴趣。

这种生活上表现的执着劲儿，其实也是助推刘昌明科研成功的大力。一旦刘昌明认准了一件事儿他就会毫不动摇。当年上大学时由于对地理水文的未知，对统一被分派到地理系情绪低落的刘昌明，经过辅导员的宣讲后激发了刘昌明对地理水文的热爱，为了祖国的需要，刘昌明最终选定水文地理为自己毕生追求的专业。为水文，他赴西北、青藏，建立了极具应用价值的稀缺或无资料地区的水文计算及预报方法和模式，历经重重困难仍然矢志不渝。为水文，他针对黄河断流、华北节水农业、"南水北调"工程环境影响等多个涉水的国家重大需求，开展了系统研究，经常夜以继日地工作；为水文，他始终关注支持水科学学科的人才培养与学科发展，以他特有的严谨治学与言传身教深深影响着每一位学生，将自己的水文人生奉献给了祖国的水文事业。"为水之昌明"，成为刘昌明一生的座右铭，成为他始终不渝的追求，成为他几十年不懈奋斗的动力。

不怕困难·自强不息

不怕困难和自强不息是刘昌明的另外两个极具个性的学术禀赋。

刘昌明从最初大学专业分配不能如自己所愿转而服从国家需要进入地理专业，到在黄龙等野外开展实验条件非常艰苦不退缩坚守阵地，源于母亲从小对刘昌明的爱国教育，使刘昌明获得不怕困难的秉性，对他的一生影响深远。

2017年7月，刘昌明不慎跌倒而骨折，住进了医院。他心情非常低落，与其说是病痛折磨他，不如说是因病而改变了他的生活节奏。每天都坚持工作的他，太不习惯被逼躺在了病床上。就像他小时候就有着碰到问题绝不服输的倔强，他不想这一下就变成了"一维水循环体"。他叫上身边的人，一起设计了锻炼用的横跨在病床上的横杠。在医生许可的范围内，他顽强锻炼，积极康复，并积极过问采集工作的进展。

功夫不负有心人，经过顽强锻炼，刘昌明的身体状况渐渐好转。紧接着，他又进入了节奏紧张的工作状态。对前来看望他的学生，总是不忘记与他们讨论工作。出院后，刘昌明又进入了往日的工作状态。2018年8月，刘昌明不慎第二次跌倒，导致骨折。他又经过了和第一次一样的顽强训练，刘昌明再一次战胜了病痛，慢慢恢复了体力，开始持续地关心科研工作。

特有的亲和力

个人的力量总是渺小的，集体的力量远大于个人的总和。科研上尤其这样，攻克科学难题需要团队的努力，而团队的存在和强大与否，与团队负责人的亲和力密切相关。亲和力的来源之一是团队负责人自身的人格魅力。平易近人和与人为善的人具有较高的人格魅力。

根据刘昌明夫人关威的回忆，对于生活中的一些琐事，刘昌明的母亲从来不去

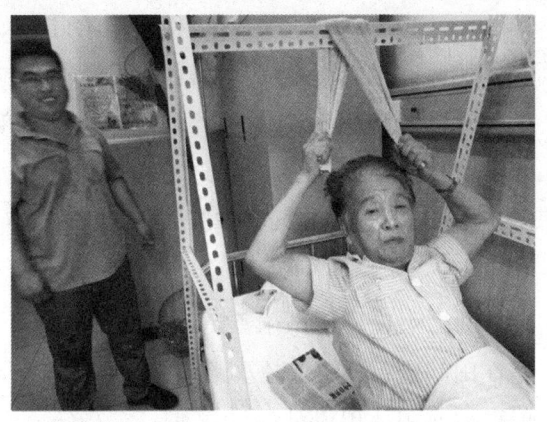

图结-1　2017年7月7日，刘昌明第一次摔跤后在医院做康复训练（刘苏峡供图）

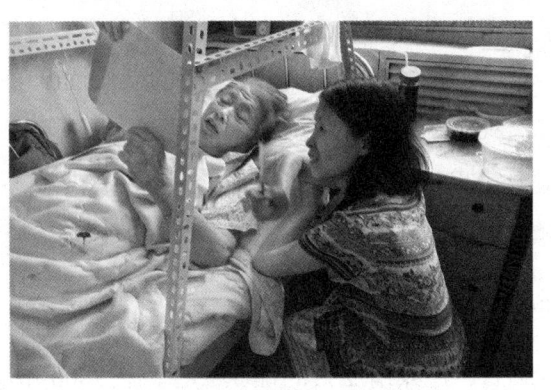

图结-2　2017年7月18日，本书作者之一刘苏峡到医院就传记提纲征求刘昌明意见（刘苏峡供图）

图结-3　2018年8月27日，刘昌明第二次摔跤带伤坚持在医院工作（刘苏峡供图）

计较。她心地善良，更不会和自己的儿媳妇发生什么矛盾，所以直到现在，关威回忆起他们一同居住时，仍十分感激婆婆所付出的一切。母亲这种善良的性格深深影响着刘昌明。刘昌明也始终善待生活中的每一个人，对自己后辈的缺点从来不会指责，常常只是稍加提醒；相反，刘昌明更喜欢去发现别人的优点，这可能也是他和学生们关系十分和谐融洽的原因。

刘昌明总是用循循善诱的方式指导学生。在读研时沈彦俊主要的工作是在田间进行实验，在刘昌明的指导下研究水热分异造成气候带的差异。项目涉及田块里面能量的平衡，一开始，沈彦俊觉得比较难，无从下手，刘昌明就对沈彦俊说，"在宏观上的分异，实际上就是微观的每个点上都有一个能量平衡，体现在大的区域上具有共同的特征，区域上表现为植被、土壤、气候的差异性"。先生的话使沈彦俊一下子就明白了，原来地理的宏观的概念也可以这样去理解，并联系着田间的微观能量平衡。刘昌明对于栾城站的一些实验研究工作，如农业节水，对水资源可持续利用都非常关注，直到现在每次来栾城站，都会给沈彦俊等站里的人讲讲，应该朝哪个研究方向去努力。

作为和刘昌明接触最多的学生之一，孙宏勇曾担任所长助理和南皮站站长，还兼南皮县的挂职县长。从2000年考上硕士，到2004年接着读刘先生的博士，并在这期间担任刘先生的秘书。他参与了2004年由河北省科技厅发起，中国科学院石家庄农业现代化研究所刘昌明院士和中国地质科学院水文地质环境研究所张宗祜院士主持的"河北平原典型地区农业节水示范与水资源可持续利用研究"的项目。

起初，孙宏勇对如何做研究并不清楚，他在栾城站进行实验，研究微型蒸发器。由于要求硕士生在读期间要发表论文，在实验完成后，刘昌明鼓励他写篇小论文总结一下。小论文发表得快些，能够更快地使同行了解。虽然刘昌明非常忙，但还是给了孙宏勇大方向上的指导。刘先生说第一个要把题目写好，题目是高度概括整篇论文内容的一个提纲挈领的东西，要让人一看到题目就能大致知道所得到的结果。另外，正文中每个研究结果一定要有严密的逻辑性。这样，孙宏勇在刘昌明的指导下写出了

图结-4　2012年5月，刘昌明（第二排左起第四）与学生在西藏林芝参加学术会议，摄于西藏林芝

一篇论文。完成论文后，刘昌明让孙宏勇投稿到《水利学报》，孙宏勇认为，发表在《水利学报》上太有难度了，毕竟这是国内高水平的学术期刊之一。孙宏勇没信心，而刘昌明告诉他，只要能把内容有逻辑地表述出来，问题就不大。这样，孙宏勇怀着忐忑的心情将论文投给了《水利学报》。时间不长，杂志的编辑部就回复了孙宏勇，文章需要少许修改，修改后就可以发表。至今孙宏勇坚持每年都会在国际、国内期刊发表研究成果，这是对自己的高要求，也是受老师刘昌明言传身教的影响。1994年、1995年、2003年、2006年，刘昌明多次获得"中国科学院优秀研究生导师"称号。

刘昌明的亲和力，在中国科学院地理科学与资源所与北京师范大学等院校，凝聚建设并稳固发展了水资源与水科学的科研教学基础，包括一批人才及梯队。在中国科学院成立了由30多个所参加的"水问题联合研究中心"，在北京师范大学资环学院成立了水科学研究院与实验室。

图结-5 2018年5月20日，刘昌明（前中）与学生们合影（摄于河北栾城）

不只是刘昌明的学生们，水文水资源界的莘莘学子，或是有幸在自己的学位论文答辩会上亲耳聆听刘昌明的教诲，或是听过刘昌明在中国科学院大学教室内、教室外的授课，都被刘昌明渊博的知识面和特有的亲和力所折服。

国家需求·学术环境·个人机遇

促成刘昌明取得水文学突出成果，除了上述刘昌明自身的禀赋之外，有利的外部环境也是刘昌明学术硕果生长的沃土。首先，水是生产之基、生活之要、生态之需，国家对水研究有持续的需求，国家需要水领域的统帅。刘昌明先后遇到几次大的国家需求。

图结-6 1995年，刘昌明（中）到中国科学院长春地理所参加博士生答辩

图结-7 2014年9月11日,刘昌明(左三)在保定易县水土保持试验站给学生讲述降雨的测量方法

一是20世纪50年代后期中国同苏联的关系逐渐恶化,同时中美的对立关系也在加剧,中国一方面要走独立自主的道路,另一方面要建立亚非拉同盟。帮建铁路是援助这些同盟的重要手段,铁路设计需要采用自己的径流计算和过水涵洞的孔径设计方法。铁道部在全国范围内召集可以完成此项工作的部门,到西北地区开展铁路桥涵设计的开拓性工作,最后找到了中国科学院地理研究所。中国科学院地理研究所随即派了包括刘昌明在内的一个团队赶赴西北开展工作。刘昌明具有较强的数理功底,加之他具有上述先天就有和后天发扬光大的禀赋,在这样的条件下,刘昌明脱颖而出。

其次,在刘昌明学术生涯的青壮年期,科研属于真正的象牙塔,国家分配科研任务,不需要科研人员年复一年地撰写项目申请书,学术环境相对平和,使得科研人员可以安心沿着一个方向攻关。刘昌明的三足鼎立成果中的第一项——小流域暴雨洪峰估算,历时近10年,虽然期间逢"文化大革命",但从1969年到1974年,深入西部高原地区,对各条铁路沿线的调查没有间断,重视实验,开展流域调查,从原始第一手资料进行科研创新，提出了既有物理机制又简单实用的著名的小流域暴雨洪峰流量计算公式，为西北铁路线献大计，对我国基础水文学的理论发展影响深远，至1978年科学的春天来临，数年心血浇灌的小流域暴雨洪峰估算之花绽放，获得了全国科学大会重大科技成果奖。为我国无资料流域的水文预测（PUB）研究，为西北青藏铁路等8条铁路新线的建设作出了巨大贡献。

三足鼎立的第二项"南水北调影响评价"成果的酝酿也是有幸于国家的重大需求，源于从20世纪50年代我国就产生的借丰富的南方之水解北方缺水之难的设想。1972年的华北大旱使搁浅了较长时间的宏伟设想被再次强调。1978年，五届全国人大一次会议通过的《政府工作报告》中正式提道："兴建把长江水引到黄河以北的南水北调工程"。同年7月，中国科学院也全面融入这一国家层面的重要工作。启动了"南水北调及其对自然环境影响"的国家重大攻关项目课题，主要由自然资源综合考察委员会和中国科学院地理所两个单位负责。1977年9月，刘昌明在北京参加全国6大基础学科（包括数学、物理学、化学、天文学、地理学和生物学）及有关新兴学科的发展规划会议，在地理学规划中建议了"南水北调对自然环境的影响"研究。刘昌明在这一年接待了美国地质学家来华考察。1978年9月，刘昌明随以黄秉维院士为团长的中国地理代表团访问美国，为期40天。许多美国地理学家称之为"破冰之旅"，这也是中美建交之前实现的"圆梦"之行。在这次访问之旅中，中国代表团与外方商谈了跨流域调水研究的国际协作问题，为后续联合国大学派团来华访问并讨论有关南水北调工程环评问题埋下了契机。应对这一国家重大需求，兼因刘昌明的优秀品质，顺理成章，刘昌明成为中国科学院地理所项目中的水文水资源方向的负责人，项目总负责人是左大康。

三足鼎立的第三项"华北节水农业"成果，也来源于国家黄淮海大开发的重大需求以及当时的学术环境，使得刘昌明能沉下心来静心钻研，攻克难关，取得优秀成绩。

另外，在刘昌明成长早期，他有幸遇到黄秉维、郭敬辉等地理水文前辈，对他的学术人生影响深远。黄秉维是继竺可桢之后中国现代地理学的"一面旗帜"，但在黄秉维生前自述中，他却说自己"本应有尺寸之成，事实上竟如衔石填海，徒劳无功""60多年勤勤匪懈，而碌碌鲜成，又由于偶然机会，忝负虚名。偶念及此，常深感不安"，他是中国地理学的一代名师。他开拓了热量和水分平衡、化学地理、生物地理群落为自然地理三个方向，先后组织了水土保持、中国综合自然区划、热量与水分平衡的大规模研究，倡议开展陆地地球系统科学与区域可持续发展战略研究新方向。刘昌明被分配到中国科学院地理研究所，得到时任中国科学院地理研究所所长黄秉维的亲自面试，并被指引开展水文研究。黄秉维先生一直非常支持刘昌明开展室内外水文实验研究。入职中国科学院地理研究所后，刘昌明有机会直接跟随著名水文地理学家郭敬辉从事水文地理研究，并获得多次相关的锻炼机会。这些机遇都是刘昌明迅速成长的重要因素。

※※※

刘昌明时常教导晚辈，马克思主义哲学认为世间只有相对真理，没有绝对真理。他认为，正如相对论，即使一个人有了一定成绩，即使一个人有了一定建树，他仍然需要学习，需要钻研，知识有限学无限，永无完美。他这样说，也是这样做的。现在，在中国科学院地理科学与资源研究所大楼，仍然可以看见一位老者，斜挎着装着水杯和其他杂什子的"宝贝"小黄包，带着随身的小拐杖，穿着他的典型的自己设计的小"猎装"，坐着他的专用代步车，或在办公桌前和学生谈话，或参加学术会议。他就是本书的主人公——刘昌明，已经是3个孙子的爷爷，数百名弟子的导师。如今进入耄耋之年的刘昌明，还关心着水文科研。一生刻苦博学、克艰创新、开拓进取，皆为水之昌明。

附录一　刘昌明年表

1934年
5月10日，出生于湖南长沙。

1941年
3月，就读于陕西汉中西大街小学。

1942年
8月，就读于陕西汉中明德小学。

1943年
在明德读书到年底，离开汉中。

1944年
8月，就读于成都南大街小学（后改名为四川成都第三区中心小学）。

1947年
3月，高小毕业，考入浙蓉中学读初中。

1949年

成都市解放。提前半年考高中，考上川西成都中学。

1950年

3月，就读于川西成都中学。

1952年

录取到西北大学地理系自然地理专业。10月，到西北大学报到。

1954年

在《地理知识》杂志发表了第一篇论文"地图上测定流域面积与河长的方法"。

1956年

5月，参加中国科学院组织的秦岭主峰太白山地质地理自然资源调查。

大学毕业，完成毕业论文《黄河径流的初步分析》。

6月，以班级成绩第一荣获"优等生"称号毕业，被中国科学院择优录取，进入中国科学院研究所工作。

9月，在北京大学讲授课程《陆地水文学》。

成为中国科学院地理研究所设立的水文地理组成员。

1957年

在《科学通报》上发表论文"中国河水季节变化的类型"。

1958年

作为甘青综考水源队水文组组长，负责祁连山、河西走廊的调研与测量工作。

1959年

在《地理学报》发表论文"甘肃内陆河流水文特性的初步分析"。

1960年

10月，到苏联莫斯科大学地理系学习。

1962年

11月，从苏联学成回国。

1963年

主持并参与设计地理研究所室内大型径流形成实验室，进行人工降雨径流模拟试验。

主持并参与设计陕西黄龙小流域站，开展黄土高原水土保持定位实验研究。

1964年

在黄龙开展森林水文实验研究。

任地理所水文研究室径流形成组组长。

1965年

在《科学通报》发表论文"黄土高原暴雨径流预报关系初步实验研究"。

1966年

在《地理学报》发表论文"黄土坡耕地水土流失计算方法的探讨"。

1967年

任地理所水文研究室"小径流组"组长。

1969年

开展阳平关—安康铁路前期的调研。

3月,与关威结婚。

1970年

开展西安—延安、西安—侯马等铁路的前期调研。

1971年

开展兰州—乌鲁木齐铁路的前期调研。

1972年

开展天山—库尔勒铁路的前期调研。

6月,担任地理所水文地理研究室副组长,任期1972年6月—1987年5月。

1973年

进入"五七干校"学习。

1974年

开展格尔木—拉萨青藏铁路的考察。

1976年

成为《地理集刊》编委会成员之一。

12月14日,铁道部表彰刘昌明,基于他对铁路建设事业的杰出贡献。

1977年

参与制定《科技发展规划》。

接待美国地质学家来华考察。

1978年

5月，任中国科学院地理研究所水文研究室副主任。

秋，刘昌明与中国科学院地理研究所研究员唐登银、程维新、左大康等人共同商议决定，在禹城建立以水量平衡与水盐运动规律研究为主的野外实验站。

10月，随以黄秉维院士为团长的中国地理代表团访问美国，实现中国与美国地理学家的学术交流。

参与的"小流域暴雨洪水研究"项目获全国科学大会重大贡献者奖。

完成并出版著作《小流域暴雨洪峰流量计算》。

12月，在《地理学报》发表论文"黄土高原森林对年径流影响的初步分析"。

首次招收硕士研究生，方向为第一个硕士研究生。

1979年

和同事一起共同在山东禹城建立了禹城水量综合实验站。

6月，被评为中国科学院地理研究所第三届学术委员会学术委员，任期1979年6月—1983年12月。

主要参与的科研项目"青海省大中河及小流域暴雨径流计算"获青海省科学大会授予科技成果奖。

1980年

年初，与中国科学院地学部主任李秉枢、地理研究所所长左大康和水文室孙祥平一同考察禹城实验站。

8月，担任地理研究所水文地理研究室第一副主任，任期1980年8月—1983年12月。

10月初—11月初，由联合国大学组织的9位外国专家与左大康、刘昌明等对河北、河南、湖北、江苏等地进行科学考察，并举办"南水北调对自然环境影响问题学术讨论会"。

由其主要参与的科研项目"径流形成的实验室研究"获中国科学院科

技成果奖三等奖。

在地理集刊出版专辑《水文分析与实验》。

1981年

1981年9月—1982年10月,作为访问学者到美国亚利桑那大学访学。

9月28日—10月2日,在夏威夷檀香山参加流域森林影响主题讨论会。

1982年

1月15日,中国科学院批准成立地理研究所学位评定委员会,刘昌明任第一届学位评定委员会委员,任期1982年1月—1984年11月。

主要参与的科研项目"小流域暴雨洪水之研究"获国家科委自然科学奖四等奖。

在《地理研究》发表论文"南水北调对自然环境影响的初步研究"。

在《地理研究》发表论文"流域汇流的非线性关系及其处理方法"。

在《地理科学》发表论文"南水北调水量平衡变化的几点分析"。

1983年

8月20日—9月9日,出访联合国环境署举办的国家水资源管理会议学术活动。

10月,被评为中国地理学会水文专业委员会委员。

12月,任中国科学院地理研究所第四届学术委员会委员,任期1983年12月—1987年6月。

12月,担任地理研究所水文地理研究室主任,任期1983年12月—1992年4月。

参与国家"黄淮海平原中低产地区综合治理和综合发展研究"的"六五"科技攻关项目。

参加联合国组织的南水北调中线环境影响评估团。

完成并发表著作 *Long-distance water transfer: A Chinese case study and international experiences*、*The quantitative features of China's water resources*:

An overview. Technical report on natural resource systems No.38、《远距离调水—中国南水北调和国际调水经验》（左大康，刘昌明，Asit K.Biswas，James E. Nickum 等，科学出版社）、《黄淮海平原治理和开发，第一集》（左大康，刘昌明，沈建柱，许越先等，科学出版社）等。

在《地理研究》发表论文"南水北调东线'分期实施、先通后畅'简析"。

1984年

被评为国家首批"中青年有突出贡献专家"。

3月，被评为中国科学院地理研究所学术委员会委员。

发表论文"黄河以北地区东线引江问题的探讨""水文地理学与水文学的地理研究"。

在《地理学报》发表论文"水文学的地理研究方向与发展趋势"。

11月，任地理研究所第二届学位评定委员会委员，任期1984年11月—1986年5月。

1985年

5月5—12日，参加在澳大利亚召开的国际土地利用计划学术研讨会。

6月20日，被聘为中国科学院地理研究所本届所长咨询组成员。

出版著作《华北平原水量平衡与南水北调研究文集》。

在《农业现代化研究》发表论文"黄淮海平原水量平衡与水旱灾害趋势分析"。

在《地理研究》发表论文"系统分析在东线引江水量平衡中的应用"。

1986年

3月，被聘为中国科学院地理研究所《地理新论》学术顾问。

晋升为中国科学院地理研究所研究员。

3月，负责的华北平原水量平衡与南水北调对环境影响研究荣获中国科学院科学技术进步奖二等奖。

主编《中国地理学会水文专业委员会第三次全国水文学术会议文集》。

在《水利学报》发表论文"南水北调东线水量平衡的地理系统分析——以东线一期工程为例"。

在《水利学报》发表论文"考虑环境因素的水资源联合利用最优化分析"。

5月，任地理研究所第三届学位评定委员会委员，任期1986年5月—1991年11月。

主持并参与设计上海佘山农田水利实验站，探讨土壤水分动态与作物渍涝的关系，为洼地渍害防治提供依据。

1987年

3月，被聘为国家科学技术进步奖自然资源行业组评审委员。

4月1日，被聘为《中国大百科全书》地理学编委会委员，分管水文地理学。

4月，被聘为《地理学报》编委会编委。

6月，任中国科学院地理研究所第五届学术委员会委员，任期1987年6月—1990年8月。

6月20日，被聘为中国地理基本数据编委会委员。

12月8日，被聘为《资源开发与保护》杂志特约编委。

12月，在北京参加中美合作研究报告会，报告名称"地下水模拟模型及同农业生产相结合的水资源利用优化模型研究（以禹城县为例）"。

在《自然资源学报》发表论文"农业水资源配置效果的计算分析"。

1988年

主编并出版著作《水量转换——实验与计算分析》。

在《自然资源学报》发表论文"海河平原农业供水的决策分析模型"。

主持华北平原农业节水与水量调控研究。

参与的"离散水文系统模型"获中国科学院科技进步奖三等奖。

与姜德华合作牵头，参加武陵山区国际扶贫调查。

11月,作为参加黄淮海农业开发的优秀科技人员,受到中国科学院的表彰。参与的项目"黄淮海平原中低产地区综合治理和农业综合发展研究"获得中国科学院科技进步奖特等奖,个人获山东省科委科技进步奖个人一等奖,项目获国家科学技术进步二等奖。

1989年

1月,负责的科研项目"水资源联合调度模式的研究(以山东齐河为例)"获得国家自然基金项目资助。

3月8日,被聘为《中国大百科全书》地理学卷水文地理学主编。

8月16日,被聘为中国科学院自然地图集编辑委员会委员。

被国务院学位委员会批准为自然地理学博士学位研究生指导教师。

12月5日,被聘为中国科学院禹城综合实验站学术委员会副主任。

参与完成并出版著作《华北平原农业水文及水资源》。

在《地理研究》发表论文"华北平原农业节水与水量调控"。

在《地理研究》发表论文"森林水文学研究综述"。

12月,经各地方水利学会推荐,中国水利学会第五次全国会员代表大会决定对190名优秀中青年水利工作者予以表扬,其中包括刘昌明。

1990年

8月17日,在地理研究所建所五十周年之际,获得地理研究所颁发的荣誉证书,以表彰刘昌明在地理所从事科技工作三十年以上。

任中国地理学会副理事长、水文专业委员会主任、国际水文科学协会(IAHS)中国国家委员会副主席。

8月,担任地理研究所第一届研究员任职资格评审委员会委员,任期1990年8月—1991年11月。

8月,任中国科学院地理研究所调整后学术委员会委员,任期1990年8月—1991年9月。

完成并出版著作《低洼地渍害与治理试验研究》。

在北京召开的国际地理联合会区域大会上提出了建立区域水文对气候

变化响应研究组的申请并立即得到批准，被任命为该研究组组长。

在《地理研究》发表论文"零通量面方法的应用研究"。

在《云南地理环境研究》发表论文"全球温室效应的影响及对策"。

参加中国科学院地理研究所50周年庆祝活动。受冰岛女王邀请，做"水资源理论"特邀发言。

在北京参加国家自然科学基金委地球科学部节水型农业学术研讨会并做报告"华北平原节水型农业的系统研究"。

首次招收博士研究生，刘苏峡为第一个博士研究生。

1991年

与姜德华合作牵头，参加西南地区扶贫调查。

9月，任中国科学院地理研究所第六届学术委员会副主任委员，任期1991年9月—1996年2月。

10月1日，国务院决定从1991年7月起给刘昌明发放政府特殊津贴并颁发证书。

11月，担任地理研究所第二届研究员任职资格评审委员会委员，任期1991年11月—1993年9月。

在《地理学报》发表论文"全球变暖对区域水资源影响的计算分析——以海南岛万泉河为例"。

11月，任地理研究所第四届学位评定委员会委员，任期1991年11月—1995年11月。

1992年

5月28日，担任中国科学院石家庄农业现代化研究所所长，任期四年。

7月，被中国科学院任命为"中国科学院水问题联合研究中心"主任。

10月26日，在地理研究所完成的"四水"转化与农业水文的研究项目获中国科学院科学技术进步奖二等奖。

12月，担任地理研究所第一届专业技术职务聘任委员会委员，任期1992年12月—1993年10月。

主要参与的科研项目"华北平原农业水文及水资源"获中国科学院科技进步奖二等奖。

主要参与的科研项目"'四水'转化与农业水文的研究"获中国科学院科技进步奖二等奖。

主要参与的科研项目"农田蒸发测定方法和蒸发规律研究"获中国科学院科技进步奖二等奖。

参与完成并出版著作《农业用水有效性研究》。

在《水文》发表论文"城市用水动态模拟与预测模型——以洛阳市为例"。

在《水科学进展》发表论文"土壤 – 植物 – 大气连续体模型中的蒸散发计算"。

1993年

3月，负责的科研项目"典型农田SPAC系统水分运行、转化规律及调节实验"获得国家"重大项目"基金。

任加拿大McMaster大学客座教授。

在《生态农业研究》发表论文"南水北调与华北平原农业持续发展"。

在《生态农业研究》发表论文"雨水资源以及在农业生态中的应用"。

在《资源开发与市场》发表论文"雨水资源与雨水资源的评价"。

9月26日，在栾城站向黄秉维汇报联合建站（大屯站与栾城站合并、协作）情况进展，并希望成为一个典型、模范、标兵、改革的样板。

1994年

1月，兼任中国科学院栾城农业生态系统实验站站长。

3月18日，荣获中国科学院竺可桢野外科学工作奖和北京市水利先进工作者。

6月26—27日，参加在栾城站召开的"中国科学院栾城农业生态系统试验站第一次工作会议"。

在《地理学报》发表论文"地理水文学的研究进展与21世纪展望"。

在《人民长江》发表论文"代表单元尺度概念及其在洋河流域控制雨量站布设中的应用"。

在《地理学报》发表论文"我国城市设置与区域水资源承载力协调研究刍议"。

11月18日—12月4日前往澳大利亚执行会议任务。

1995年

7月6—14日前往美国执行会议任务。

6月19—25日，在北京召开的第七届国际雨水利用大会上作为组委会主席做主旨发言，并当选为国际雨水集流系统协会（IRWCS）执委会主席，任期三年。

10月，当选为中国科学院院士。

11月，任地理研究所第五届学位评定委员会委员，任期1995年11月—1999年12月。

12月，当选为中国地理学会第七届理事会理事。

担任国际地理联合会（IGU）区域水文对气候变化的响应研究组组长，任期三年。

参与完成并出版著作《节水农业应用基础研究进展》。

1996年

2月，任中国科学院地理研究所第七届学术委员会副主任，任期1996年2月—1999年12月。

3月，被中国地理学会第七届理事会聘请为《地理学报》编委会主编。

参与完成并出版著作《中国水问题研究》。

在《生态农业研究》发表论文"论雨水利用及其农业供水的意义"。

在《地理学报》发表论文"南水北调中线工程对汉江中下游的影响分析"。

在《自然资源学报》发表论文"区域水资源系统仿真预测及优化决策研究——以汉中盆地平坝区为例"。

在《生态农业研究》发表论文"土壤水分对作物根系生长及分布的调控作用"。

在《科学对社会的影响》发表论文"中国水资源调配若干问题的探讨"。

8月3—12日,前往荷兰执行会议任务。

8月15日—11月15日,前往日本执行合作研究任务。

7月8日,被任命为石家庄农业现代化研究所所长。

9月,陪同黄秉维到石家庄栾城农业生态系统实验站考察。

10月,担任地理研究所第四届专业技术职务聘任委员会委员,任期1996年10月—1997年10月。

10月,任日本千叶大学遥感研究中心客座教授。

1997年

1月,任《水文》杂志第四届编委会委员。

2月,任北京师范大学资源与环境学院院长。

4月28日,被聘为中国农业及农村科学技术专家咨询委员会委员。

7月23日,起草"栾城站1997—2000年工作计划实施要点的建议"呈报中国科学院生态网络和中国科学院资源环境科学技术局。

8月8日,任栾城站站长。

8月30日,被聘为中国科学院禹城综合实验站第四届学术委员会委员。

1997—1998年,参加中国科学院国家咨询项目"中国水问题出路",主要负责报告编写。

1997—2000年,参与中国科学院重大项目"华北地区水资源变化及调配的研究"。

任IGBP-BAHC中国国家工作委员会主席,任期四年。

编著出版《中国地理学会水文专业委员会第六次全国水文学术会议论文集》。

由刘昌明等组成的河北省代表团去意大利、丹麦考察"农业废弃物综合利用技术"。

10月，担任地理研究所第七届研究员任职资格评审委员会委员，任期1997年10月—1998年11月。

1998年

3月2日，被授予"中国林学会森林水文及流域治理分会荣誉理事"的称号。

编著并出版《中国21世纪水问题方略》。

5月，申请国家重点基础研究发展规划项目"中国大陆水循环系统演化及其资源、环境效应"。

7月8日，参加中国科学院国家咨询项目"黄河断流对策"，并主要负责地学部关于黄河断流的考察以及咨询报告"关于缓解黄河断流的建议"的编写。

1998—2000年，与李丽娟共同参与中国科学院重点科研项目"中国粮食安全的分区水资源供需分析及对策"（华北地区粮食生产的水供应和需求的现状与趋势预测）。

1998—2000年，负责中国工程院重大咨询项目"中国水资源可持续利用"（"中国水资源现状评价和供需发展趋势分析""中国城市水资源可持续开发利用"）。

被聘为IGBP-BAHC国际科学指导委员会（SSC）委员，任期四年。

11月，担任地理研究所第八届研究员任职资格评审委员会委员，任期1998年11月—1999年12月。

参与的科研项目"水资源开发利用及其在国土整治中的地位与作用"获中国科学院科技进步奖二等奖。

1999年

1月，负责的科研项目"界面水分、能量通量及其动态耦合模型"获得国家"自由申请项目"资助。

3月，被聘为广州师范学院地理系兼职教授，聘期为1999年3月—2002年2月。

8月12日，在石家庄参加中日合作项目学术研讨会，研讨会的议题有黄土高原生物生产可持续发展及黄淮海平原盐碱地提高生物生产力开发研究。

9月10日，参加中国科学院与中国工程院两院咨询项目"长江洪水与防洪对策"。

12月，成功申请《国家重点基础研究发展规划》"黄河流域水资源演化规律与可再生性维持机理"项目任首席科学家，项目执行时间为1999—2004年。

编著并出版《地理学发展与创新》。

参与科技部软科学重点项目"缓解黄河断流和海河平原地下水下降的节水对策"，项目执行时间为1999—2000年。

参与国家重大咨询项目"中国可持续发展水资源战略"，任水资源组组长（中国工程院），项目执行时间为1999—2001年。

出版著作《土壤—作物—大气界面水分过程与节水调控》。

2000年

8月，在汉城召开的第29届国际地理大会上，当选为国际地理联合会（IGU）副主席。

5月，陪同中国科学院院长路甬祥、副院长陈宜瑜、资环局长秦大河等到栾城站检查、指导工作。

5月，出版著作《今日水世界》。

7月7日，被中国科学院任命为中国科学院石家庄农业现代化研究所所长。

9月12日，被聘为地理科学与资源研究所第一届学术委员会委员。

10月，出版著作《地理学的数学模型与应用》。

2001年

出版著作《雨水利用与水资源研究》。

9月28日，被聘请为"小花间暴雨洪水预警预报系统"项目顾问。

出版著作《中国水资源现状评价和供需发展趋势分析》。

出版著作《黄河流域水资源演化规律与可再生性维持机理研究和进展》。

12月25日，被任命为中国科学院石家庄农业现代化研究所学术委员会主任。

12月25日，被任命为中国科学院石家庄农业现代化研究所专业技术职务资格认定委员会主任。

12月31日，被聘为"地表过程分析与模拟教育部重点实验室"学术委员会委员。

2002年

1月，在《地理学报》发表论文"南水北调西线调水工程区的自然生态环境评价"。

3月，在《地理学报》发表论文"华北平原地下水动态及其对不同开采量响应的计算——以河北省栾城县为例"。

参与完成并出版著作《中国江河湖海防洪减灾对策》。

2002—2003年，参与中国工程院主持的咨询项目"西北地区水资源配置生态环境建设与可持续发展"，并负责生态与环境组。

10月18日，在珠海参加北京师范大学珠海校区2002—2003学年度开学典礼。

2003年

2月16日，被聘为河南大学兼职教授。

6月11日，被聘为建设项目水资源报告书评审专家，聘期三年。

参与完成并出版著作《生态环境需水理论方法与实践》。

担任"淮河流域及山东半岛水资源综合规划"技术顾问。

任全球水系统计划科学指导委员会（GWSP-ESSP）委员。

在《地理学报》发表论文"黄河水资源量可再生性问题及量化研究"。

任国际综合水循环观测科学咨委会委员。

9月18日，被聘为中国科学院天地生科学园区科学文化传播中心科普顾问。

2004年

8月1日，获得科学出版社优秀作者奖。

8月，担任"国际全球变化人文因素计划中国国家委员会（CNC-IHDP）"顾问委员会委员，任期四年。

11月，被授予"国家重点基础研究发展计划（"973"计划）先进个人"奖。

参加中国工程院主持的咨询项目"东北水土资源、生态与环境保护、可持续发展"，负责生态与环境组。

被聘任为中国环境科学学会副理事长。

完成并出版《水文水资源研究理论与实践：刘昌明文选》。

参与完成并出版著作《黄河流域气象水文学要素图集》。

参与完成并出版著作《西北地区生态环境建设区域配置及生态环境需水量研究》。

2005年

1月，被聘为《水利发展研究》特约顾问。

3月，被聘为《水利水电技术》特邀顾问。

4月，被聘为《气候变化研究进展》第一届编辑委员会顾问。

担任中国科学院研究生院教材编审委员会地学学科编审组编委，聘期五年。

8月，作为特邀嘉宾参加全球华人地理学家大会。

8月，参加由中国科协和新疆维吾尔自治区人民政府联合主办的"中国科协2005年学术年会"。

9月，被聘为中国科学院资源环境科学数据中心学术指导。

10月30日，在北京国际会议中心参加"首届中国城镇水务发展战略国际研讨会"。

10月31日，获得"河北平原典型地区农业节水示范与地下水可持续利用"项目科学进步奖二等奖。

在北京师范大学创建了"水科学研究院"并担任第一任院长。

2005—2006年，负责中国科学院、院士局、学部重大咨询项目"中国饮水安全与农业水资源战略"。

在《地理学报》发表论文"黄河流域地表水耗损分析"。

在《人民黄河》发表论文"黄河三门峡以下水资源供需分析"。

2006年

在石家庄建立"节水农业"河北省重点实验室并任主任。

1月8日，被聘为中国科学院生态系统网络观测与模拟重点实验室学术委员会顾问。

4月7日，获得河北省院士特殊贡献奖二等奖。

7月，中国科学院研究生院授予刘昌明"优秀教师"。

8月1日，荣获河北省委、省政府颁发的院士突出贡献奖。

9月26日，参加北京师范大学与中国环境科学研究院共建博士点协议。

9月30日，与北京师范大学水科学研究院全体教职工一起欢庆国庆节。

10月，与傅国斌合著的《今日水世界》荣获2005年度国家科学技术进步奖二等奖，颁奖单位为中国科学院、中国工程院。

10月，被聘为《水科学数学模型丛书》学术指导委员会主任。

参加在布里斯班举行的2006年IGU区域国际地理大会。

参与"苏北沿海地区产业综合开发战略"咨询项目，负责环境（中国工程院、开发银行、江苏省委省政府）。

参与中国科学院重大咨询项目"新疆生态建设与可持续发展研究"。

与汪集暘共同负责中国科学院重大咨询项目"新疆地下水地表水联合开发利用"。

在《地理研究》发表论文"黄河源区基流估算"。

在《水利学报》发表论文"流域水资源实时调控方法和模型研究"。

完成并出版著作《流域水循环分布式模拟》。

10月11日,作为北京师范大学水科学研究院院长参加"民政部、教育部、减灾与应急管理研究院"揭盘仪式。

12月3日,参加中国科学院水资源研究中心揭盘仪式。

2007年

被聘请为水利部水土保持生态工程技术研究中心专家委员会名誉委员。

3月20日,被聘为"黄河流域水沙变化情势评价研究"的常务咨询专家。

3月,被聘为"跨流域调水对陆地水循环影响与水安全研究"专家组成员。

6月27日,参加北京师范大学水科学研究院2007届研究生毕业典礼暨学位授予仪式。

11月27日,参加在北京召开的"中国水危机与公共政策论坛"。

12月6日,获得国家自然科学奖二等奖。

12月20日,被聘请为水利部水土保持生态工程技术研究中心专家委员会名誉委员。

在《自然资源学报》发表论文"分布式水文模型的参数率定及敏感性分析探讨"。

在《自然科学进展》发表论文"河道内生态需水量估算的生态水力半径法"。

参与完成并出版著作《流域水资源合理配置与管理研究》。

2008年

参与建立栾城国家野外站。

1月,被聘为水利部科学技术委员会委员。

1月,被聘为《中国科学:地球科学》编辑委员会委员。

3月,被授予"全国水利先进个人"荣誉称号。

4月8日,被聘为水利部对应气候变化研究中心第一届专家委员会委员。

5月10日，被中国科学院研究生院授予"杰出贡献教师"荣誉称号。

6月10日，被聘为地理资源所第三届学术委员会副主任。

8月21日，中国水利报发表关于现代水利周刊就"绿水"这一概念对刘昌明院士采访的报道。

9月20日，被聘为水利部综合事业局科学技术委员会顾问。

10月28日，荣获河北科技大学第五届"环境教育奖"。

12月，被聘请为西北大学第三届校友总会理事会理事。

12月，河南省新闻出版局出版的刘昌明院士著作《流域水循环分布式模拟》荣获2006—2007年度河南省优秀图书奖二等奖。

在《地理学报》发表论文"河流健康理论初探"。

在《自然资源学报》发表论文"闸坝河流河道内生态需水研究——以淮河为例"。

2009年

1月1日，被聘为山东省水资源与水环境重点实验室第一届学术委员会主任，聘期五年。

2月4日，被聘为中国科学院"陆地水循环及地表过程重点实验室"主任。

2月5日，被聘请为地理科学与资源研究所所史编研委员会顾问。

3月18日，被聘请为国际地圈生物圈计划中国委员会（CNC-IGBP）第六届委员会常务委员，任期四年。

8月1日，《科技日报》发表关于刘昌明院士在学术报告"全球气候变化下流域综合管理"中提出应加强对"绿水"的研究的报道。

10月，被水利部发展研究中心聘为《水利发展研究》第三届编辑委员会顾问。

10月21日，腾讯科技发表关于刘昌明院士提出"2030年中国实现水需求零增长"的报道。

11月，被聘请为中国自然资源学会水资源专业委员会科学顾问，任期五年。

2009—2010 年，参与中国科学院重大咨询项目"中国水问题"，并负责课题我国北方重点地区水资源承载力与节水型社会建设。

在《水电能源科学》发表论文"水文模型参数优选的改进粒子群算法参数分析"。

在《中国水利》发表论文"水循环研究是水资源综合管理的理论依据"。

2010年

6月18日，担任水土流失过程与控制实验室学术委员会副主任委员。

9月9日，被聘为陕西师范大学出版总社组织编写的《中国地学通鉴》编委会主任。

参与中国科学院重大咨询项目"南水北调中线工程核心水源区生态经济可持续发展研究咨询"。

在《地理学报》发表论文"区域水资源承载力概念及研究方法的探讨"。

在《水利发展研究》发表论文"水循环多元综合模拟系统（HIMS）的研究进展"。

2011年

8月，被聘为兰州大学旱区流域科学与水资源研究中心首届学术委员会主任，聘期三年。

9月，被水利部水文编辑部聘请为《水文》杂志第七届编委会委员。

10月，在石家庄举办的中国科学院栾城农业生态系统实验站30周年站庆暨"环境变化与农业资源高效利用"国际学术研讨会上致辞。

参加咨询项目"关于加强南水北调中线水源区水资源保护与管理研究的建议"。

与王光谦联名提出"关于加强南水北调中线水源区水资源保护与管理研究的建议"，获温家宝总理批复。

2011—2012年，参加咨询项目"中国海陆交互作用带环境特征、相宜利用与学科发展"。

参与中国科学院院士工作局、中国工程院学部工作局、中国科协学会学术部、新疆维吾尔自治区科协"天山南北院士行"科技咨询项目，并主要参加水资源咨询。

与汪集暘共同负责中国科学院重大咨询项目"新疆洪水调控利用与地下水储备战略"。

在《自然资源学报》发表论文"河湖水系连通的理论探讨"。

在《中国生态农业学报》发表论文"华北平原典型井灌区农田水循环过程研究回顾"。

2012年

1月1日，被中国科学院水利部成都山地灾害与环境研究所聘为"泥石流动力过程及调控模拟"课题组咨询专家，聘期四年。

1月，"流域水量水质综合模拟技术及其应用平台"项目被教育部评为科学技术进步二等奖。

3月23日，荣获2011年度河北省科学技术突出贡献奖。

3月27日，在昆明召开的喜马拉雅气候变化国际会议上做特邀报告"青藏高原的气候变化与水文研究"。

8月16—20日，参加在北戴河召开的河北省院士联谊会第七次会员会议。

11月18日，参加南皮生态农业实验站发展战略研讨会暨院士工作站揭牌仪式。

12月，被聘为中国科学院"陆地水循环及地表过程重点实验室"第二届学术委员会委员。

在《人民黄河》发表论文"基于HIMS的渭河中游黑峪口子流域径流模拟及其对气候变化的响应研究"。

被评选为第九届河北省年度十大新闻人物之一。

2013年

"西藏高原缺资料地区 HIMS 水文过程模拟及突发性山洪风险预警研究"获西藏自治区科学技术奖二等奖。

1月24日，荣获教育部颁发的"流域水量水质综合模拟技术及其应用平台"科学技术进步奖二等奖。

5月9日，在北京师范大学参加首届京师绿色发展论坛并做主旨演讲。

7月29日，出席由中国科学院农业水资源重点实验室在石家庄举办的学术年会暨"农业水问题高层论坛——水资源国家重大需求与学科前沿"研讨会。

参加咨询项目"我国中西部重点山区发展战略问题与对策研究"。

在《地理学报》发表论文"有关地理学研究中几个学术问题的研讨——学习黄秉维院士严谨治学的精神"。

在《中国水利》发表论文"民勤绿洲的生态修复必须强化石羊河全流域水资源综合管理"。

2014年

被聘为兰州大学"旱区流域科学与水资源研究中心"首届学术委员会主任，任期三年。

向中国科学院石家庄农业现代化研究所捐赠设立"刘昌明院士奖学金"。

牵头咨询项目"中国水安全保障的战略与对策"，时间2014—2015年。

编著出版《中国水文地理》。

在《地理学报》发表论文"现行普适降水入渗产流模型的比较研究：SCS 与 LCM"。

在《环境科学研究》发表论文"改进生态位理论用于水生态安全优先调控"。

出版著作《水文科学创新研究进展》。

9月19日，带学生到河北易县水土保持实验站实习。

10月22日，出席中国科学院"农业水资源重点实验室"暨"河北省节水农业重点实验室"在石家庄市联合召开的2014年度学术委员会会议。

2015年

3月5日,《黄河报》发表关于刘昌明院士谈南水北调的报道。

10月,被聘为中国科学院大学岗位教授,聘期三年。

10月10日,论文"中国地表潜在蒸散发敏感性的时空变化特征分析"被中国科学技术信息研究所评为2014年度F5000论文。

在《应用生态学报》发表论文"华北平原典型农田氮素与水分循环"。

在《水利经济》发表论文"绿水信贷及其在中国流域生态补偿中的应用"。

11月4日,陪同美国工程院院士、康奈尔大学Wilfreid H.Brutsaert教授到中国科学院栾城农业生态系统实验站进行学术访问与交流。

2016年

1月6日,《中国气象报》发表关于刘昌明院士谈南水北调工程面临气候变化带来的风险的报道。

2016—2018年,任"雄安新区水城共融建设战略咨询研究"项目负责人。

参与中国科学院与中国工程院两院资深院士工作委员会"中国两个百年科技发展战略",并任民生组副组长。

2016—2018年,负责中国科学院院士咨询项目"基于低影响开发的城市水生态战略建议"。

在《中国水利》发表论文"城镇水生态文明建设低影响发展模式与对策探讨"。

在《水利学报》发表论文"稀缺资料流域水文计算若干研究:以青藏高原为例"。

2017年

年初,接受河北省建筑工程学院的请求,同意在河北省建筑工程学院设立院士工作站。

4月10—13日，受邀参加在贵阳市中国科学院地球化学研究所召开的"全球水循环观测和模拟论坛"，并做了题为"迎接WCOM世界第一颗水循环卫星发射"专题报告。

4月14日，受邀参加在湖南省长沙市召开的"第四届中国（国际）水生态安全战略论坛"，并做了题为"基于LID城市水生态维护若干问题讨论"的大会主题报告。

5月13日，参加以"水利、创新、融合、发展"为主题的水科学高层论坛暨《南水北调与水利科技》编辑委员会会议。

6月10日，在中国科学院地理资源所开会，散会时不慎摔倒，大腿骨折，住进北京中医药大学第三附属医院接受治疗，8月17日出院。

2017—2018年，参与院士咨询与论证项目"'一带一路'自然灾害风险防范"。

2017—2018年，参与院士咨询与论证项目"长江经济带重大战略问题研究"。

2017—2018年，参与院士咨询与论证项目"气候变化对三北防护林影响的战略研究"。

10月，刘昌明接受河北省建筑工程学院的邀请，到张家口地区考察调研并为该校师生做学术报告。

11月25日，在北京师范大学参加"2017城市水文学海绵城市技术"学术报告会。

12月15日，在人民大会堂参加"2018国际青少年科普大会"。

2018年

1月6日，受邀参加水环境研究院专家讲坛第五讲，做了题为"中国水热要素时空变化若干问题的探讨"的报告。

3月，组织撰写了"雄安新区水城共融建设战略咨询研究"咨询报告。

4月2日，在中国科学院地理所参加"吴传均先生学术思想研讨会"。

4月2—3日，在北京友谊宾馆参加国家重点研发计划项目"黄河流域水沙变化机理与趋势预测"2017年度学术交流会议。

5月20日，出席在中国科学院栾城农业生态系统实验站举行的"厚包气带水文生物地球化学循环实验平台"开工仪式。

5月21日，参加由中国科学院遗传与发育生物学研究所农业资源研究中心与栾城区委区政府在中国科学院栾城农业生态系统实验站联合召开的以"栾城区乡村振兴战略"为主题的恳谈会。

5月21日，参加由中国科学院遗传与发育生物学研究所农业资源研究中心栾城实验站召开的CERN30周年座谈会。

5月24日，在刘昌明院士的带领下，由中国科学院遗传与发育生物学研究所农业资源研究中心、中国科学院地理科学与资源研究所、中国科学院成都山地灾害与环境研究所、中国环境科学院、北京师范大学、华北电力大学及南京信息工程大学等单位50余位专家学者组成的水资源团队，对京津冀地区水资源可持续利用状况进行了调研，并到农业资源研究中心栾城农业生态系统实验站考察工作。

6月、7月，先后两次到张家口地区考察河流水环境状况和坝上地区灌溉农业发展情况。

7月1日，出席在贵州举行的"贵州省科学技术协会第35期学术沙龙——2018年生态文明贵阳国际会议系列"。

7月6日，出席"湿地修复与全球生态安全"论坛。

7月7日，出席在贵州省国际生态会议中心举办的"生态文明贵阳国际论坛2018年年会开幕式"。

7月8日，由北京师范大学主办、贵州师范大学承办的"创新发展与绿色转型"主题高峰会在贵阳国际生态会议中心举行，刘昌明院士担任高峰会主席。

7月9日，与贵州师范大学副校长杨胜天教授等专家一行到贵阳水务集团、贵阳市水科技技术院士工作站进行调研指导。

7月20日，在张家口参加"第三届京津冀建筑类高校研究生学术论坛"，并做"中国城市化及水问题"学术报告。

7月，成立以刘昌明院士为首的"雄安新区水城共融建设战略咨询研究"咨询修编小组。

在《中国科学报》发表文章"中美地理学学术交流40周年纪念"。

9月12日，在北京裕龙酒店参加北京水土保持学会理事会会议，探讨"保护水土资源，建设美丽家园"工作。

9月26日上午，受邀出席由水利部淮河水利委员会（以下简称"淮委"）在安徽合肥召开的"新时代治淮科技问题研讨会暨淮委科学技术委员会会议"，并受聘为新一届淮委科学技术委员会顾问。

9月26日下午，与各单位的多位专家学者共同参观了淮河防洪除涝减灾实体模型，淮委副主任顾洪陪同参观。

2019年

1月7日，在中国科学院地理科学与资源研究所参加陆地水循环及地表过程院重点实验室2018年度学术年会。

5月24日，在天津市参加天津市院士专家工作发展促进会二届一次会员大会暨科技与自主创新交流会。

11月1日，参加在北京国家会议中心举行的中国地理学大会暨中国地理学会成立110周年纪念活动。

11月9—10日，在北京友谊宾馆参加第十七届中国水论坛，并发表主题演讲，并参加纪念"黄河流域水资源环境演化规律与可再生性维持机理"项目获批二十周年的"黄河流域生态保护与高质量发展"高峰座谈会。在此次大会上，刘昌明荣获"中国水论坛终身成就奖"。

11月11—12日，作为中国科学院院士专家调研组成员到河北省衡水市，就"衡水湖保护与发展"开展调研并召开座谈会。

11月21—22日，在北京会议中心参加中国生态系统研究网络（CERN）成立三十周年学术研讨会。

2020年

5月10日，参加主题为"漫谈水文地理学与水资源发展与创新"的腾讯视频会议。

7月5日，在昌平九华观光农业示范园区，与北京师范大学水科学研究院领导班子全体成员商讨水科院学科建设。

7月16日，在自然资源部参加"黄河流域重点地区水土资源综合调查与水平衡分析"可行性报告咨询。

8月20日，中国环科院天津分院产业发展委员会为刘昌明颁发专家聘书。

8月21日，到南开大学中加中心指导工作，并参观指导中加中心实验室及研发平台建设。

10月25日，参加在甘肃陇南武都区举办的油橄榄产业高峰论坛暨产销对接洽谈会。

11月5日，赴西北大学参加陕西省黄河研究院成立大会暨首届黄河论坛启动仪式。

11月6—8日，出席以"水科学与未来地球"为主题的第十八届中国水论坛开幕式。

11月10日，在浙江省水利学会2020学术年会暨科技治水峰会上作特邀报告"水环境模拟：基于水系统和水循环理念的研发"。

2021年

6月7日，在中国科技会堂参加《"十四五"水安全保障规划》专家论证会。

7月10日，在武汉参加长江生态环保集团院士工作站揭牌仪式。

7月12日，参加2021年生态文明贵阳国际论坛。

7月17日，参加在呼和浩特市敕勒川草原举行的"院士青城行"活动启动仪式并作主旨报告。

9月3日，在北京民族文化馆出席由上海合作组织秘书处主办的"上合－中国水谷院士圆桌会议"。

9月29日，参加由中国工程院组织的"南水北调后续工程"专家咨询委员会，任生态环境组组长。

10月15日，获西北大学第五届杰出校友"玉兰奖"，并应邀作"杨钟健学术讲座"第187讲，题为"生态水文理论与实践的若干问题商榷"的报告。

2022年

5月10日，到中南海参加"南水北调后续工程"座谈会，中央领导韩正等出席会议。

8月8日，到崇礼与河北建工学院领导交流，并听取学校科技处领导关于张家口院士工作站有关情况汇报。

2023年

4月29日，参加北京大学地理学科70周年，以"守正、开拓"为主题的纪念活动。

5月7日，在北京师范大学京师大厦召开"第一届刘昌明水科学基金年会"，会上刘昌明院士提出"科学发展需要人才，人才是基础支撑"的理念，并为获得昌明奖学金的博士生、硕士生和教职工颁发了奖状和奖杯。

9月17日，参加北京师范大学水科学研究院2023级新生开学典礼并致辞"书有界而学无涯，百尺竿头更进一步"。

10月16日，在北京师范大学京师大厦9612会议室，听取关于武汉院士工作站相关工作进展汇报。

2024年

1月5日，参加北京师范大学"研途有你，情暖水科"水科学研究院新年联欢会，并和老师们一起诗朗诵"亲爱的水科人"。

4月10日，线上参加由国家工业信息安全发展研究中心组织的"基于人工智能、区块链等技术的工业互联网智慧水务综合服务平台研发及应用"科技成果评价会。

4月20日，在中国科学院地理科学与资源研究所参加"中国未来水安全学术研讨会"，并发表讲话。

5月6日，在北京友谊宾馆参加《气候变化研究进展》期刊编委会年会。

6月4日，到中国科学院地理科学与资源研究所参加由所研究生处组织的"博士生毕业论文审核"工作。

附录二　刘昌明主要论著目录

论文

[1] 刘昌明，张云枢. 甘肃内陆河流水文特性的初步分析. 地理学报，1959，25（1）：67-88.

[2] 刘昌明，洪宝鑫，曾明煊，等. 黄土高原暴雨径流预报关系初步实验研究. 科学通报，1965，10（2）：158-161.

[3] 刘昌明，钟骏襄. 黄土高原森林对年径流影响的初步分析. 地理学报，1978，（2）：112-127.

[4] 刘昌明，杜伟. 农业水资源配置效果的计算分析. 自然资源学报，1987，2（1）：9-19.

[5] 刘昌明，窦清晨. 土壤－植物－大气连续体模型中的蒸散发计算. 水科学进展，1992，3（4）：255-263.

[6] 刘昌明. 调水工程的生态、环境问题与对策. 人民长江，1996，27（12）：16-17.

[7] 沈彦俊，刘昌明，莫兴国，等. 麦田能量平衡及潜热分配特征分析. 生态农业研究，1997，5（1）：12-17.

［8］王会肖，刘昌明. 农田蒸散、土壤蒸发与水分有效利用. 地理学报，1997，52（5）：447-454.

［9］刘昌明，任鸿遵. 水资源开发利用及其在国土整治中的地位与作用. 地球科学进展，1998，13（6）：595-595.

［10］吴险峰，刘昌明，杨志峰，等. 黄河上游南水北调西线工程可调水量及风险分析［J］. 自然资源学报，2002，17（1）：9-15.

［11］孙睿，刘昌明，李小文. 利用累积NDVI估算黄河流域年蒸散量. 自然资源学报，2003，18（2）：155-160.

［12］李道峰，刘昌明. 黄河流域水循环地理信息系统平台构建初探. 地理科学进展，2003，22（5）：472-478.

［13］王红瑞，刘昌明，毛广全，等. 水资源短缺对北京农业的不利影响分析与对策. 自然资源学报，2004，19（2）：160-169.

［14］Liu CM, Xia J. Water crises and hydrology in North China-Preface. HYDROLOGICAL PROCESSES，2004，18（12）：2195-2196.

［15］Liu CM, Xia J. Water problems and hydrological research in the Yellow River and the Huai and Hai River basins of China［J］. HYDROLOGICAL PROCESSES，2004，18（12）：2197-2210.

［16］Liu CM, Zeng Y. Changes of pan evaporation in the recent 40 years in the Yellow River Basin［J］. WATER INTERNATIONAL，2004，29（4）：510-516.

［17］Liu CM, Zheng HX. Changes in components of the hydrological cycle in the Yellow River basin during the second half of the 20th century［J］. HYDROLOGICAL PROCESSES，2004，18（12）：2337-2345.

［18］刘昌明. 黄河流域水循环演变若干问题的研究［J］. 水科学进展，2004，15（5）：608-614.

［19］曹建生，刘昌明，张万军. 岩土二元结构小流域降雨入渗补给地下裂隙潜流过程初步研究. 自然科学进展，2005，15（6）：759-763.

［20］Sun HY, Liu CM, Zhang XY et al.. Effects of irrigation on water balance, yield and WUE of winter wheat in the North China Plain［J］.

AGRICULTURAL WATER MANAGEMENT, 2006, 85（1）: 211-218.

[21] 王西琴, 刘昌明, 张远. 基于二元水循环的河流生态需水水量与水质综合评价方法——以辽河流域为例. 地理学报, 2006, 61（11）: 1132-1140.

[22] 刘昌明. 建设节水型社会缓解地下水危机. 中国水利, 2007（15）: 10-13.

[23] 吴春华, 刘昌明. 生态水力半径法计算河道内生态需水量研究. 人民黄河, 2008, 30（10）: 52-54.

[24] 朱芮芮, 刘昌明, 郑红星. 无定河流域地下水更新时间估算. 地理学报, 2009, 64（3）: 315-322.

[25] Liu CM, Liu XY. Healthy river and its indication, criteria and standards [J]. JOURNAL OF GEOGRAPHICAL SCIENCES, 2009, 19（1）: 3-11.

[26] Liu CM, Chen YN, Xu ZX. Eco-hydrology and sustainable development in the arid regions of China Preface. HYDROLOGICAL PROCESSES, 2010, 24（2）, 127-128.

[27] Zuo JB, Liu CM, Zheng HX. Cost-benefit analysis for urban rainwater harvesting in Beijing, WATER INTERNATIONAL, 2010, 35（2）: 195-209.

[28] 刘昌明, 张丹. 中国地表潜在蒸散发敏感性的时空变化特征分析. 地理学报, 2011, 66（5）: 579-588.

[29] Liu CM, Zhao CS, Xia J, et al.. An instream ecological flow method for data-scarce regulated rivers [J]. JOURNAL OF HYDROLOGY, 2011, 398（1）: 17-25.

[30] Zhao CS, Liu CM, Xia J, et al. Recognition of key regions for restoration of phytoplankton communities in the Huai River Basin, China [J]. JOURNAL OF HYDROLOGY, 2012, 420: 292-300.

[31] 梁康, 刘昌明, 王中根, 等. 基于HIMS的渭河中游黑峪口子流域径流模拟及其对气候变化的响应研究 [J]. 人民黄河, 2012（10）:

13-14.

[32] Jiang XH, Liu CM. Water renewal time of the Yellow River mainstream based on reservoir action [J]. JOURNAL OF GEOGRAPHICAL SCIENCES, 2013, 23（1）: 113-122.

[33] 张亦弛, 刘昌明, 杨胜天, 等. 黄土高原典型流域 LCM 模型集总、半分布和分布式构建对比分析 [J]. 地理学报 2014, 69（1）: 90-99.

[34] 刘昌明, 张永勇, 王中根, 等. 维护良性水循环的城镇化 LID 模式: 海绵城市规划方法与技术初步探讨 [J]. 自然资源学报 2016, 31(5): 719-731.

[35] 赵玲玲, 刘昌明, 吴潇潇, 等. 水文循环模拟中下垫面参数化方法综述 [J]. 地理学报, 2016, 71（7）: 1091-1104.

[36] 刘昌明, 李艳忠, 刘小莽, 等. 黄河中游植被变化对水量转化的影响分析 [J]. 人民黄河, 2016, 38（10）: 7-12.

著作

[1] 刘昌明. 小流域暴雨洪峰流量计算 [M]. 北京: 科学出版社, 1978.

[2] 左大康, 刘昌明, Asit K. Biswas, 等. 远距离调水——中国南水北调和国际调水经验 [M]. 北京: 科学出版社, 1983.

[3] 左大康, 刘昌明, 许越先, 等. 华北平原水量平衡与南水北调研究文集 [M]. 北京: 科学出版社, 1985.

[4] 左大康, 刘昌明, 沈建柱, 等. 黄淮海平原治理和开发, 第一辑 [M]. 北京: 科学出版社, 1985.

[5] 刘昌明, 杨戍, 沈灿燊. 中国地理学会水文专业委员会第三次全国水文学术会议文集 [M]. 北京: 科学出版社, 1986.

[6] 刘昌明, 任鸿遵. 水量转换——实验与计算分析 [M]. 北京: 科学出版社, 1988.

[7] 刘昌明, 魏忠义. 华北平原农业水文及水资源 [M]. 北京: 科学出版社, 1989.

[8] 杨戍，刘昌明，沈灿燊. 中国地理学会水文专业委员会第四次全国水文学术会议论文集 [M]. 北京：测绘出版社，1989.

[9] 潘维俦，马雪华，刘昌明，等. 中国林学会森林水文与流域治理专业委员会全国森林水文学术讨论会文集 [M]. 北京：测绘出版社，1989.

[10] 刘昌明，朱耀良. 低洼地渍害与治理试验研究 [M]. 大连：大连出版社，1990.

[11] 沈灿燊，刘昌明，杨戍，等. 中国地理学会水文专业委员会第五次全国水文学术会议论文集 [M]. 北京：科学出版社，1992.

[12] 许越先，刘昌明，J. 沙和伟. 农业用水有效性研究 [M]. 北京：科学出版社，1992.

[13] 刘昌明，李林，程义，等. 中国地理基础数据野外定位实验站卷（第3集）黄龙森林水文实验数据集 [M]. 北京：科学出版社，1994.

[14] 石元春，刘昌明，龚元石. 节水农业应用基础研究进展 [M]. 北京：中国农业出版社，1995.

[15] 刘昌明. 中国地理学会水文专业委员会第六次全国水文学术会议论文集 [M]. 北京：科学出版社，1997.

[16] 刘昌明，何希吾，等. 中国21世纪水问题方略 [M]. 北京：科学出版社，1998.

[17] 刘昌明，翟浩辉. 中国雨水利用研究文集 [M]. 徐州：中国矿业大学出版社，1998.

[18] 刘昌明，傅国斌. 今日水世界 [M]. 广州：暨南大学出版社，2000.

[19] 刘昌明，陈效国. 黄河流域水资源演化规律与可再生性维持机理研究和进展 [M]. 郑州：黄河水利出版社，2001.

[20] 刘昌明，李丽娟. 雨水利用与水资源研究 [M]. 北京：气象出版社，2001.

[21] 刘昌明，陈志恺. 中国水资源现状评价和供需发展趋势分析 [M]. 北京：中国水利水电出版社，2001.

[22] 钱易，刘昌明. 中国江河湖海防洪减灾对策 [M]. 北京：中国水利水电出版社，2002.

[23] 杨志峰，崔保山，刘静玲，等. 生态环境需水理论方法与实践［M］. 北京：科学出版社，2003.

[24] 刘昌明. 水文水资源研究理论与实践——刘昌明文选［M］. 北京：科学出版社，2004.

[25] 刘昌明，王礼先，夏军. 西北地区生态、环境建设区域配置及生态、环境需水量研究［M］. 北京：科学出版社，2004.

[26] 刘昌明. 东北地区有关水土资源配置、生态与环境保护和可持续发展的若干战略问题研究［M］. 北京：科学出版社，2007.

[27] 柳长顺，刘昌明. 流域水资源合理配置与管理研究［M］. 北京：中国水利水电出版社，2007.

[28] 刘昌明，周成虎，于静洁. 中国水文地理［M］. 北京：科学出版社，2014.

[29] 刘昌明. 水文科学创新研究进展［M］. 北京：科学出版社，2014.

[30] 本书编委会. 地理学发展之路——中国科学院地理研究所科学活动回忆录（1940—1999）［M］. 北京：科学出版社，2016.

后 记

我们三位作者看似迥异的"三足",承蒙中国科协老科学家学术成长采集项目的支持,形成精诚合作的"鼎",通过各自发挥各自的专长,托起了完成刘昌明传记写作的美好梦想。主笔人刘苏峡为传主的开门博士生,中国科学院地理科学与资源研究所研究员,中国科学院大学资源环境学院/中丹学院岗位教授。1993年在中国科学院地理科学与资源研究所获得博士学位后,一直在该所陆地水循环及地表过程重点实验室从事水文水资源工作。一方面,作为采集小组成员,在处理完自身的科研重任之余,通过挤时间巧安排,开展了大量直接采访采集和研读采访素材的工作,深入理解先生的学术成长;另一方面,结合自身在先生经年教诲下积累的对专业的理解,对先生的学术思想进行领会钻研,最终得以梳理出刘昌明学术生涯的主要线索和关键节点,明确与学术成长经历相关的事件和时间节点,挖掘出最能代表其学术水平的材料,完成传记的总体设计,完善传记的特色架构,撰写大部分章节和最终统稿。

合作者吴永保是北京师范大学水科学研究院刘昌明院士办公室主任,负责采集计划的执行以及多方协调。采集工作开展过程中,吴永保和刘树勇赴成都、石家庄和其他各地档案馆组织访谈,与中国科协采集办公室保持良好的沟通。采集工作开展期间,刘昌明两次因骨折而入院治疗,吴永保除了联系医院、照顾刘昌明的生活起居外，还在刘昌明住院和疗养（怀来）期间组织了去医院和疗养院对刘院士进行访谈。在采集过程中，吴永保充分发挥组长和院士办公室主任的双重作用，督促、协调采集工作的进度，特别考虑到刘昌明的身体情况，在合适的机会安排采集工作，周到细致地为采集工作提供了诸多方便，使采集工作进展顺利。特别是利用照顾刘先生的机会，吴永保在刘先生家里整理出大量宝贵的照片，本传记所用图片，如非经特别注明，均是以这样的方式由传主本人提供。

合作者刘树勇，是首都师范大学物理系自然科学史研究室副教授，不仅参加了刘昌明幼小求学章节的主要撰写，还和吴永保赴多地参加了实物采集和口述访谈。特别是发挥科学史专业特长，对传记的史料订正进行了严格把关。

描绘一个人的人生画卷，是一件不容易的工作，尤其是对刘昌明院士这样的研究视野宽广的科学家。让我们欣慰的是，从采集项目立项开始至今，刘昌明一直活跃在中国科学院地理科学与资源研究所、北京师范大学水科学研究院等相关的学术活动中，身体健康、思路清晰，对传记和采集工作一直非常关注。传记写作的自始至终得到了刘昌明先生的全力支持，全书的大部分历史细节来源于他非凡的记忆力。在刘昌明众多的卓越才能里，超强的记忆力格外突出。他对数字的高度敏感，使得我们在采访刘昌明进入大学的片段里，能准确到他作为新生，是如何从火车站出来沿着什么方向、和新同学们一起唱着什么歌，走进了他的大学。对他的一系列珍贵的采访，奠定了理解他从小学、中学、大学、苏联留学期间的学习到工作和生活情况的学术成长的基础。经过先生的耳提面命，好多对过往学术历程中不容易理解的谜团总能被迅速解开，这使得我们的传记不留死角，既做到对传主过往学术历程的完整覆盖，又保持着对先生、对当今学术引领的及时更新，展现了真实的"为水之昌明"。

传记的写作过程中得到了多方支持。感谢刘昌明先生先后工作的中国科学院地理科学与资源研究所、中国科学院发育与遗传研究所中国农业资源中心、北京师范大学和中国科学院大学。感谢档案查询中提供热情支持的李娟、马红梅、毛学森老师。院士当选材料由中国科学院院士工作局提供。

深深感谢前辈北京师范大学朱启疆教授撰写的关于刘昌明北大讲学的文字材料、北京师范大学邬翊光教授撰写的关于刘昌明赴苏联留学的文字材料、中国科学院地理科学与资源研究所梁季阳研究员撰写的西北径流战斗小组材料、河北省科技厅前厅长王征国关于刘昌明华北节水获奖的材料。

特别感谢接受采访的刘昌明中学同学张本藩老先生。采集小组吴永保和刘树勇远赴四川，走街串巷，很幸运寻找到张先生。虽然同为高龄，张先生记忆清晰，操着浓重的四川口音，讲述了许多和刘昌明同学时的生动故事，感情真挚，为传记提供了难得的史料。"没弄清楚（书本里的问题），他就不出去玩"，是刘昌明留给张先生的最深刻印象，也是我们学到的刘昌明的宝贵治学品格。

感谢同门现任职中国城市规划设计研究院陈立群教授提供海绵城市文字材料、华北电力大学的门宝辉教授提供生态需水量文字材料、澳大利亚佩斯大学的傅国斌研究员对 IGU 国际研究分组章节初稿进行的修订、北京师范大学赵长森副教授对生态水文学章节初稿进行的修订。感谢其他同门通过正式采访、口头交流、邮件来往等多种形式提供的宝贵帮助。

感谢北京师范大学祁雪晶老师和中国科学院地理科学与资源研究所周浩伟博士生在项目初期参与采访和配合整理采集材料，北京师范大学图书馆刘迎春老师负责档案和采访音像资料的专业编码整理提交，北京师范大学博士生胡海平等参与大事年表校对，北京师范大学水科学研究院博士生杨雅雪等在采集资料的整理上付出了辛苦劳动。

感谢中国科协老科学家学术成长采集基金资助，感谢北京市科协创新服务中心管理方刘阳女士的大力帮助。感谢中国科协国家传播中心孟令耘主任、刘婷主管、韩颖编辑对本书出版的大力支持，感谢彭慧元责编为本书出版前的审核校对付出的巨大努力。

八年的传记撰写，飞逝又漫长。采集项目于 2017 年 7 月 10 日通过项目中期评审，2018 年 10 月 23 日通过结题预评审，2020 年 11 月 16 日结题。传记于 2018 年 11 月 8 日形成提纲，2019 年 10 月 10 日完成第一版。由于新冠肺炎疫情暴发，各方面工作受到影响。2020年11月16日收到采集工程学术组（史学会）的一审意见，2023年3月3日提交一审修改稿，2023年6月5日收到二审意见，2023年11月30日提交二审修稿，2023年12月14日传记稿正式被接收，进入出版审查。这以后，经过出版社编辑作者之间的多轮审校沟通。感谢采集项目组、学术组（史学会）老师的严格把关，这一个个时间节点是心路的记载，也是传记写作推进的动力。

虽然已至夜深，再仔细阅读一遍传记书章，再做一次校核审稿。尽管经过无数次审读，全书可能仍然存在错误和瑕疵，敬请批评指正。借以此传记向刘昌明耄耋九十岁生日献礼，对关心和支持此书的朋友致以崇高敬意！

刘苏峡　吴永保　刘树勇

2024年6月6日

老科学家学术成长资料采集工程丛书
已出版（165种）

《卷舒开合任天真：何泽慧传》　　　《此生情怀寄树草：张宏达传》
《从红壤到黄土：朱显谟传》　　　　《梦里麦田是金黄：庄巧生传》
《山水人生：陈梦熊传》　　　　　　《大音希声：应崇福传》
《做一辈子研究生：林为干传》　　　《寻找地层深处的光：田在艺传》
《剑指苍穹：陈士橹传》　　　　　　《举重若重：徐光宪传》

《情系山河：张光斗传》　　　　　　《魂牵心系原子梦：钱三强传》
《金霉素·牛棚·生物固氮：沈善炯传》《往事皆烟：朱尊权传》
《胸怀大气：陶诗言传》　　　　　　《智者乐水：林秉南传》
《本然化成：谢毓元传》　　　　　　《远望情怀：许学彦传》
《一个共产党员的数学人生：谷超豪传》《没有盲区的天空：王越传》

《含章可贞：秦含章传》　　　　　　《行有则　知无涯：罗沛霖传》
《精业济群：彭司勋传》　　　　　　《为了孩子的明天：张金哲传》
《肝胆相照：吴孟超传》　　　　　　《梦想成真：张树政传》
《新青胜蓝惟所盼：陆婉珍传》　　　《情系梁菽：卢良恕传》
《核动力道路上的垦荒牛：彭士禄传》《笺草释木六十年：王文采传》

《探赜索隐　止于至善：蔡启瑞传》　《妙手生花：张涤生传》
《碧空丹心：李敏华传》　　　　　　《硅芯筑梦：王守武传》
《仁术宏愿：盛志勇传》　　　　　　《云卷云舒：黄士松传》
《踏遍青山矿业新：裴荣富传》　　　《让核技术接地气：陈子元传》
《求索军事医学之路：程天民传》　　《论文写在大地上：徐锦堂传》

《一心向学：陈清如传》　　　　　　《钤记：张兴钤传》
《许身为国最难忘：陈能宽传》　　　《寻找沃土：赵其国传》

《钢锁苍龙　霸贯九州：方秦汉传》　《虚怀若谷：黄维垣传》
《一丝一世界：郁铭芳传》　《乐在图书山水间：常印佛传》
《宏才大略　科学人生：严东生传》　《碧水丹心：刘建康传》

《我的气象生涯：陈学溶百岁自述》　《我的教育人生：申泮文百岁自述》
《赤子丹心　中华之光：王大珩传》　《阡陌舞者：曾德超传》
《根深方叶茂：唐有祺传》　《妙手握奇珠：张丽珠传》
《大爱化作田间行：余松烈传》　《追求卓越：郭慕孙传》
《格致桃李半公卿：沈克琦传》　《走向奥维耶多：谢学锦传》
《躬行出真知：王守觉传》　《绚丽多彩的光谱人生：黄本立传》
《草原之子：李博传》

《此生只为麦穗忙：刘大钧传》　《探究河口　巡研海岸：陈吉余传》
《航空报国　杏坛追梦：范绪箕传》　《胰岛素探秘者：张友尚传》
《聚变情怀终不改：李正武传》　《一个人与一个系科：于同隐传》
《真善合美：蒋锡夔传》　《究脑穷源探细胞：陈宜张传》
《治水殆与禹同功：文伏波传》　《星剑光芒射斗牛：赵伊君传》
《用生命谱写蓝色梦想：张炳炎传》　《蓝天事业的垦荒人：屠基达传》
《远古生命的守望者：李星学传》

《善度事理的世纪师者：袁文伯传》　《化作春泥：吴浩青传》
《"齿"生无悔：王翰章传》　《低温王国拓荒人：洪朝生传》
《慢病毒疫苗的开拓者：沈荣显传》　《苍穹大业赤子心：梁思礼传》
《殚思求火种　深情寄木铎：黄祖洽传》　《仁者医心：陈灏珠传》
《合成之美：戴立信传》　《神乎其经：池志强传》
《誓言无声铸重器：黄旭华传》　《种质资源总是情：董玉琛传》
《水运人生：刘济舟传》　《当油气遇见光明：翟光明传》
《在断了A弦的琴上奏出多复变　《微纳世界中国芯：李志坚传》
　　最强音：陆启铿传》　《至纯至强之光：高伯龙传》

《弄潮儿向涛头立：张乾二传》　　《材料人生：涂铭旌传》
《一爆惊世建荣功：王方定传》　　《寻梦衣被天下：梅自强传》
《轮轨丹心：沈志云传》　　　　　《海潮逐浪　镜水周回：童秉纲
《继承与创新：五二三任务与青蒿素研发》　　　口述人生》

《淡泊致远　求真务实：郑维敏传》　《采数学之美为吾美：周毓麟传》
《情系化学　返璞归真：徐晓白传》　《神经药理学王国的"夸父"：
《经纬乾坤：叶叔华传》　　　　　　　金国章传》
《山石磊落自成岩：王德滋传》　　《情系生物膜：杨福愉传》
《但求深精新：陆熙炎传》　　　　《敬事而信：熊远著传》
《聚焦星空：潘君骅传》

《逐梦"中国牌"心理学：周先庚传》《恬淡人生：夏培肃传》
《情系花粉育株：胡含传》　　　　《我的配角人生：钟世镇自述》
《情系生态：孙儒泳传》　　　　　《大气人生：王文兴传》
《此生惟愿济众生：韩济生传》　　《历尽磨难的闪光人生：傅依备传》
《谦以自牧：经福谦传》　　　　　《思地虑粮六十载：朱兆良传》

《世事如棋　真心依旧：王世真传》《心瓣探微：康振黄传》
《大地情怀：刘更另传》　　　　　《寄情水际砂石间：李庆忠传》
《一儒：石元春自传》　　　　　　《美玉如斯　沉积人生：刘宝珺传》
《玻璃丝通信终成真：赵梓森传》　《铸核控核两相宜：宋家树传》
《碧海青山：董海山传》　　　　　《驯火育英才　调土绿神州：
　　　　　　　　　　　　　　　　　　徐旭常传》

《追光：薛鸣球传》　　　　　　　《通信科教　乐在其中：李乐民传》
《愿天下无甲肝：毛江森传》　　　《力学笃行：钱令希传》
《以澄净的心灵与远古对话：吴新智传》《与肿瘤相识　与衰老同行：
《景行如人：徐如人传》　　　　　　　童坦君传》

《没有勋章的功臣：杨承宗传》　　《科学人文总相宜：杨叔子传》

《百年耕耘：金善宝传》　　　　　《一生情缘植物学：吴征镒传》
《耕海踏浪谱华章：文圣常传》　　《一腔报国志　湿法开金石：
《守护女性生殖健康：肖碧莲传》　　　　陈家镛传》
《心之历程：夏求明传》　　　　　《"卓"越人生：卓仁禧传》
《仰望星空：陆埮传》　　　　　　《步行者：闻玉梅传》
《拥抱海洋：王颖传》　　　　　　《潜心控制的拓荒人：黄琳传》
《爆轰人生：朱建士传》

《献身祖国大农业：戴松恩传》　　《一位"总总师"的航天人生：
《中国铁路电气化奠基人：曹建猷传》　　任新民传》
《一生一事一方舟：顾方舟传》　　《扎根大地　仰望苍穹：
《科迷烟云：胡皆汉传》　　　　　　　　俞鸿儒传》
《寻找黑夜之眼：周立伟传》　　　《锻造国防"千里眼"：毛二可传》
《泽润大地：许厚泽传》　　　　　《地学"金钉子"：殷鸿福传》

《摘取皇冠上的明珠：林浩然传》　《经年铸剑垂体瘤：史轶蘩传》
《氟缘笃志：陈庆云传》　　　　　《锲而不舍　攀登不息：
　　　　　　　　　　　　　　　　　　　於崇文传》